由於這一頁需要撕下，所以請讀者在開始閱讀之前，
順著右邊的虛線小心撕下這一頁，並對折暫放於第二十四頁與二十五頁之間。

# 你今天被騙了嗎？

## 心理師教你破解詐騙伎倆

林昱萱／周裕翔／蘇益賢——著

Chapter 01

# 從詐騙事件裡發現心理學

# 台灣詐騙經典案例的心理剖析

# 心理師受騙日記

這一整個禮拜，
我歇斯底里、猶如中邪般，
沒天沒夜地搜尋
及觀看網路上的受騙經驗分享。
每個字、每句話都像一把把利刃，
插進我的心窩，
轉一轉，再拔出來……

# 以為自己不會被騙的人<br>其實最可能被騙

Chapter 05

# 練習不被騙：反詐騙練習題

Chapter 01

# 從詐騙事件裡發現心理學

某次一群心理師的聚會中，
我們聊起新聞裡的詐騙案件。聊得正熱烈時，
某位平時形象精明幹練的心理師小聲地說，
「其實……我也有被騙過……」。

# 1-1 關於這本書

為什麼我們會被騙？

為什麼我們會做出不是出於自由意志的決定？

又或者，為什麼明明似乎是出於自己意志做的決定，事後卻越想越覺得不對勁？

同時，我們也可以反過來想想：

為什麼詐騙集團可以騙到民眾？

為什麼有些商人可以引導我們做出某些我們自己並不想做的決策？

身為臨床心理師，我們對人類行為深感好奇。在某次一群心理師的聚會裡，我們看著新聞報導，順勢聊起台灣社會裡的詐騙案件。聊得正熱烈時，某位平時形象精明幹練的心理師小聲地說，「其實……我也有被騙過……」。

所有人的目光，不約而同地移向那位夥伴，大家先是訝異，接著感到好奇。

在大家的鼓勵之下，他開始說起如何「明知自己正愈陷愈深」，卻仍「無法自拔」的始末。了解這個事件的始末後，我們才驚覺，其實所謂的詐騙、話術，其實離我們並不遙遠。

就算受過訓練，而且還是對「人」有多一些瞭解的心理師，也很可能因為某些不自覺的因素，乖乖把錢交給別人。

這讓我們三位作者開始好奇，這些詐騙或「類詐騙」[1]事件中，是否有一些共同的心理機制？

於是，我們開始回顧相關的文獻與資料。試著用心理學中「已知」的概念，來解釋詐騙、類詐騙事件中我們仍「不知」的部分。而讀者要看到的，就是我們投入這個議題後發現的小成果。

此外，我們亦在徵得該位心理師的同意後，閱讀了他所提供的數篇日記，再與他進行詳細的訪談，最終改寫出一個完整的「心理師受騙日記」。我們期待，藉由忠實呈現出當事者受到詐騙／類詐騙的反應後，讀者可以真正理解與同理當事者常會

---

1 如愛心筆、推銷商品等行為，直接稱為「詐騙」或許不妥，因此我們在這本書中將以「類詐騙」稱之。

出現的感受與想法。

我們的初衷很簡單，希望大家對這樣的現象能更有「自覺」與「知識」。「自覺」在書中將不斷地被提起，因為這種意識是自我保護的基本功；「知識」則更將能強化你的有所自覺，讓你更能順利遠離被騙的風險。

## 1-2 本書將分享什麼？

本書將以「詐騙」為出發點，帶領讀者一路剖析詐騙過程中受害者的各種心理機制，幫助讀者認識了解種種可能，並走到「反詐騙」的終點。

在第一部分，將簡單描述台灣目前常見的詐騙、類詐騙現象與數據，並輔以入門的犯罪學、社會學觀點，讓讀者對於詐騙狀態與樣貌開始有一點感覺。

第二部分裡，我們挑選了截至目前比較知名、經典的幾種詐騙、類詐騙手法，聚焦在四類案件，分別為：愛心筆、ＡＴＭ轉帳型詐騙、感情詐騙與投資詐騙進行說明與講解。

除分享真實案例外，本書也將從心理學的角度出發，帶領大家重新「解構」詐騙行為，到底詐騙過程中犯罪者都做了什麼？為什麼這些詐騙手法會有用？而受害者在其中又扮演著什麼的角色？雙方心中常有的心理歷程為何？透過這樣「案例解析」的方式，我們期待讓讀者看見詐騙現象裡更深層的心理現象，並同時一邊學習心理學中許多實用的概念。

第三部分，我們將分享一篇完整的受害者日記。透過第一人稱視角，讀者將更能明白受害者在受騙過程的心路歷程。受害者心裡到底在想什麼？為什麼明知受騙了，卻還是一直把錢交出去？這些一手經驗都在這篇展示，幫助讀者產生同理。

除日記外，我們也在日記文本旁，試著與讀者進行小小對話。比方說，在某些地方會對讀者做些提問；又或者，提醒某些之前介紹過的心理學現象。期待這種安排，讓讀者有機會現學現賣，能將第二部分中學到的心理學概念，直接應用在第三部分的日記裡。

第四部分，在全書起承轉合的架構裡，扮演著「轉」的角色。我們調查了許多資料發現，台灣人對於詐騙案的著墨點，多半放在「詐騙者」如何騙人，較少著重探究「受騙者」如何一步步掉入陷阱，讓許多人有著「我才不可能被騙」這種過於自信的思考方式。但真實事件卻呈現出相反的事實：不管你是教授、博士，還是大眾認為最不會受騙上當的專業身份，都可能被騙。因此，這一部分將回過頭來聚焦在我們「自己」身上，與讀者分享最可能讓你受騙上當以及與過度自信相關的心理機制，並學習如何防範。

最後，在結束之前，我們將統整前四部分的概念，帶領讀者試著從「知道」到「做到」。因此，我們設計十個「反詐騙」練習題。這些題目有的需要讀者動腦，有的則需要在生活中拿來應用。期待透過具體的練習，讓讀者學到一些可行且實用的方法，進而降低未來被詐騙的可能。

# 1-3 詐騙已成新興產業

什麼是詐騙（fraud）呢？根據刑法第三三九條所定義的詐欺罪，指的是嫌犯以「不法之手段」或「詐術」等方式，取得被害人之財物或財產上之不法利益。

這裡提到的「詐術」指的是以欺騙方法，使受害者錯誤交付出自己或第三人的財物。詐術範圍很廣，從招攬互助會，偽稱自己是其他人詐領會錢、驅魔治病斂財、創建假公司詐取財貨物等都是。而這是比較學理上的定義，接下來我們來看看一些在台灣的實際數據。

國泰世華銀行曾於二〇一三年進行調查，發現超過八成民眾認為詐騙案件在日常生活中時常發生。將近有百分之十三的民眾表示自己知道熟悉常見的詐騙手法，百分之十五的民眾表示曾經因詐騙而有過財產損失。不過，這是來自民眾自陳的資訊，但實際情況呢？

據內政部警政署統計顯示，近年來台灣地區登記有案的詐騙犯罪案件超過萬件。以二〇一八年為例，在所有刑案中，詐欺相關案件占了6.94%，共有16,606件，排名第四。在這一年，台北市發生最多相關案件（3,465件）、其次為台南（2,349件）、新北（2,000件）。時間上來說，詐騙案件發生的月份，最多發生在四月（2,186件）、一月（2,057件）、五月（1,947件）；最少的月份則是二月（868件）、十一月（775件）、十二月（405件）。

## 最常見的詐騙手法有哪些？

**若以犯罪方式來分析，警政署共將詐騙分類為四十四種。發生比例最高、最容易在新聞上看到的類型前幾名如下圖，其它則可參考後頁表格。**

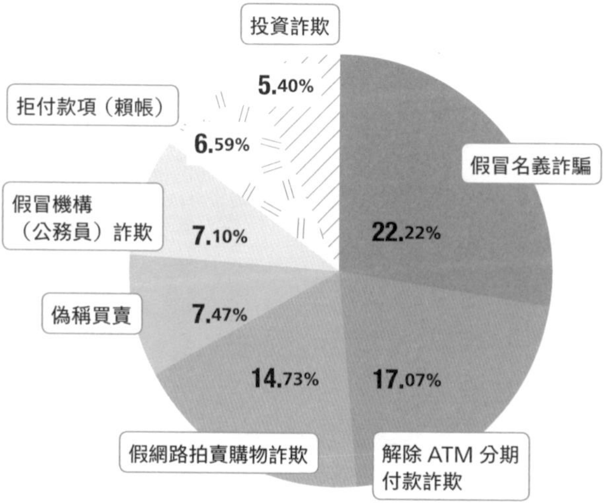

| | 嫌疑人人數 | 百分比 | | 嫌疑人人數 | 百分比 |
|---|---|---|---|---|---|
| 偽稱介紹 | 138 | 0.51 | 招會詐財 | 77 | 0.28 |
| 調包（金光黨） | 36 | 0.31 | 他人帳號免費上網 | 11 | 0.04 |
| 票據詐欺（空頭） | 137 | 0.50 | 假稱傷病貧困 | 424 | 1.56 |
| 打工陷阱詐欺 | 118 | 0.43 | 假貨押騙（售） | 352 | 1.29 |
| 佯稱代辦貸款 | 285 | 1.05 | 業務詐欺 | 439 | 1.61 |
| 虛設行號 | 267 | 0.98 | 偽稱合夥 | 103 | 0.38 |
| 冒（盜）領現金 | 680 | 2.50 | 不法傳銷詐欺 | 24 | 0.09 |
| 刮刮樂詐欺 | 8 | 0.03 | 偽稱倒閉 | 26 | 0.10 |
| 拒付款項（賴帳） | 1,795 | 6.59 | 不動產售賣詐欺 | 154 | 0.57 |
| 偽稱買賣 | 2,035 | 7.47 | 偽稱贖物 | 33 | 0.12 |
| 彩金詐欺 | 55 | 0.20 | 保險詐欺 | 94 | 0.35 |
| 刊登廣告報章 | 178 | 0.65 | 假金押（騙）售 | 11 | 0.04 |
| 投資詐欺 | 1,470 | 5.40 | 訴訟詐欺 | 31 | 0.11 |
| 假冒名義 | 6,052 | 22.22 | 偷工減料 | 78 | 0.29 |
| 詐騙銀行帳號密碼詐財 | 433 | 1.59 | 重病醫藥詐欺 | 80 | 0.29 |
| 色情應召詐財 | 557 | 2.05 | 宗教詐騙 | 25 | 0.09 |
| 假電郵詐欺 | 53 | 0.19 | 婚姻詐騙 | 42 | 0.15 |
| 假網路拍賣（購物） | 4,011 | 14.73 | 詐領保險金 | 65 | 0.24 |
| 手機簡訊 | 57 | 0.21 | 破產詐欺 | 12 | 0.04 |
| 假冒機構（公務員） | 1,933 | 7.10 | 度量衡詐欺 | 24 | 0.09 |
| 解除分期付款詐欺 (ATM) | 4,648 | 17.07 | 其他詐欺 | 66 | 0.24 |
| 假權狀證照文件 | 120 | 0.44 | | | |
| **合計** | | | | **27,237** | **100.00** |

說明：詐欺案件犯罪方式自 104 年 4 月 1 日起修正如本表所示。

（來源：內政部警政署刑事警察局中華民國刑案統計，107 年；本章其餘圖表亦同）

而與我們鄰近的中國也是個詐騙盛行的地方，近年網路詐騙尤其盛行。根據中國最高法院公布的《司法大數據專題報告》，網路詐騙案件從二〇一七年佔全部詐騙案件的7.67%，隔年上升至17.61%。

**在網路詐騙類型中，騰訊網也曾整理一份常見網路詐騙方式，以下我們分享幾種在台灣也很常見的類型：**

- 偽裝詐騙：透過發布旅遊照、風景照、高級貨、豪車等照片，偽裝成有錢人後，與受害者搭訕取得信任，再進一步誘騙錢財。
- 代購詐騙：以低價或海外代購為名目，邀受害者付款，後以商品被海關扣下、加繳關稅等理由，讓受害者付更多錢，然後消失。
- 二維碼詐騙：利用各種名義，請受害者安裝或掃描指定的軟體或二維碼，但該軟體或二維碼中藏有病毒，足以盜取個人資訊如銀行帳號、密碼等。
- 盜號詐騙：盜取受害人資訊後假冒為本人，向親友要錢等。

**詐騙造成受害者多少損失？**

若以二〇一八年來統計，受害者損失金額，比例最高的是介於「五萬到十萬」之間（共2,592件），其次為「十五萬到三十萬」之間（共2,497件）與「一到二萬」之間（2,014件）。可見常見的詐騙案件，幾乎都造成受害者不小的金錢損失。

| 中華民國 107 年 | | | |
|---|---|---|---|
| | | 發生案件數 | 百分比 |
| 1-100 元未滿 | 122 | 838 | 3.57 |
| 100-250 元未滿 | 156 | | |
| 250-500 元未滿 | 172 | | |
| 500-1,000 元未滿 | 388 | | |
| 1,000-2,000 元未滿 | 772 | 4,213 | 17.95 |
| 2,000-3,000 元未滿 | 614 | | |
| 3,000-5,000 元未滿 | 1,104 | | |
| 5,000-10,000 元未滿 | 1,723 | | |
| 10,000-20,000 元未滿 | 2,014 | 5,479 | 23.34 |
| 20,000-30,000 元未滿 | 1,686 | | |
| 30,000-50,000 元未滿 | 1,779 | | |
| 50,000-100,000 元未滿 | 2,592 | 4,366 | 18.60 |
| 100,000-150,000 元未滿 | 1,774 | | |
| 150,000-300,000 元未滿 | 2,497 | 3,809 | 16.23 |
| 300,000-500,000 元未滿 | 1,312 | | |
| 500,000 元以上 | | 1,606 | 6.84 |
| **無損失** | | 3,159 | 13.46 |
| **合計** | 23,470 | | 100.00 |

說明：本項統計發生件數包括補報發生。

## 詐騙者的樣貌

整體來說，詐騙嫌疑犯中，男性佔 19,034 人，多於女性（8,203 人）。若以嫌疑犯本身的職業來看，以無業最多（7,443人），服務業（7,058人）、基層技術與勞工次之（3,874人）。惟調查也發現，有不少學生投入詐騙集團（1,489人）。另外值得一提的是，民意代表／主管階級的犯罪者有391人，具備專業人員角色的犯罪嫌疑犯有773人。若以學歷分析嫌疑犯，高中畢業最多（16,841人），國中畢業（2,638人）與大專畢業（2,618人）次之；研究所以上的嫌疑犯則有150人。

## 受害者的樣貌

在二〇一八年的調查裡，受害的男性（18,517人）與女性（17,201人）人數差不多。若分析其職業，最多受害者從事的職業為服務業（10,259人）、無業（7,187人）與學生（3,636人）。另專業人士也有不少人受騙（2,453人），民意代表／主管階級也有735人受騙。若以學歷分析受害者樣貌，高中畢業者最多（16,368人），其後依序為大專畢業（8,763人）、大專在學（2,985人）與國中畢業（2,680人）；此外，研究所學歷的受騙者亦有1,181人。然而，這些我們從官方取得的數據，只是「有報案」的資料；若把其他遭到詐騙後沒有報案的「黑數」加進來，可能損失金額、犯罪者、受害者的樣貌，也會略有不同。

| 詐欺案件嫌疑人及被害人職業分析／中華民國 107 年 | | | | | | | | |
|---|---|---|---|---|---|---|---|---|
| | 嫌疑人 | | | | 受害人 | | | |
| | 男 | 女 | 合計 | 百分比 | 男 | 女 | 合計 | 百分比 |
| 民意代表、主管及經理人員 | 286 | 106 | 391 | 1.44 | 484 | 251 | 735 | 2.06 |
| 專業人員 | 438 | 335 | 773 | 2.84 | 1,285 | 1,168 | 2,453 | 6.87 |
| 技術員及助理專業人員 | 595 | 313 | 908 | 2.84 | 1,285 | 1,168 | 2,453 | 6.87 |
| 事務支援人員 | 49 | 59 | 108 | 0.40 | 130 | 182 | 312 | 0.87 |
| 服務（不含保安）工作人員 | 4,285 | 2,773 | 7,058 | 25.91 | 4,967 | 5,292 | 10,259 | 28.72 |
| 銷售及展示工作人員 | 301 | 209 | 510 | 1.87 | 318 | 320 | 638 | 1.79 |
| 農、林、漁、牧業生產 人員 | 221 | 42 | 263 | 0.97 | 300 | 87 | 387 | 1.08 |
| 保安服務工作人員（含軍人） | 455 | 37 | 492 | 1.81 | 584 | 73 | 657 | 1.84 |
| 技藝（技術）有關工作人員 | 1,574 | 452 | 2,026 | 7.44 | 1,588 | 732 | 2,320 | 6.50 |
| 駕駛及移運設備操作人員 | 424 | 11 | 435 | 1.60 | 514 | 25 | 539 | 1.51 |
| 駕駛及移運操作除外之機械設備操作及組裝人員 | 229 | 50 | 279 | 1.02 | 184 | 53 | 237 | 0.66 |
| 基層技術工及勞力工 | 3,239 | 625 | 3,874 | 14.22 | 1,528 | 756 | 2,284 | 6.39 |
| 學生 | 1,041 | 448 | 1,489 | 5.47 | 2,131 | 1,505 | 3,636 | 10.18 |
| 無職 | 5,077 | 2,366 | 7,443 | 27.33 | 2,370 | 4,817 | 7,187 | 20.12 |
| 其他（含不詳） | 821 | 367 | 1,188 | 4.36 | 1,113 | 1,100 | 2,213 | 6.20 |
| 合計 | 19,034 | 8,203 | 27,237 | 100.00 | 18,517 | 17,201 | 35,718 | 100.00 |

| 詐欺案件嫌疑人及受害人教育程度分析／中國民國 107 年 | | | | | | | | |
|---|---|---|---|---|---|---|---|---|
| | 嫌疑人 | | | | 受害人 | | | |
| | 男 | 女 | 合計 | 百分比 | 男 | 女 | 合計 | 百分比 |
| 不識字 | 1 | 10 | 11 | 0.04 | 27 | 61 | 88 | 0.25 |
| 自修 | 2 | 0 | 2 | 0.01 | 3 | 15 | 18 | 0.05 |
| 小學在學 | 7 | 1 | 8 | 0.03 | 2 | 1 | 3 | 0.01 |
| 小學肄業 | 20 | 10 | 30 | 0.11 | 14 | 45 | 59 | 0.17 |
| 小學畢業 | 125 | 110 | 235 | 0.86 | 402 | 731 | 1,133 | 3.17 |
| 國中在學 | 98 | 23 | 121 | 0.44 | 60 | 25 | 85 | 0.24 |
| 國中肄業 | 200 | 30 | 230 | 0.84 | 45 | 29 | 74 | 0.21 |
| 國中畢業 | 2,028 | 610 | 2,638 | 9.69 | 1,216 | 1,464 | 2,680 | 7.50 |
| 高中在學 | 463 | 157 | 620 | 2.28 | 283 | 189 | 472 | 1.32 |
| 高中肄業 | 1,496 | 327 | 1,823 | 6.69 | 232 | 155 | 387 | 1.08 |
| 高中畢業 | 11,565 | 5,276 | 16,841 | 61.83 | 8,571 | 7,797 | 16,368 | 45.83 |
| 大專在學 | 502 | 274 | 776 | 2.85 | 1,690 | 1,268 | 2,958 | 8.28 |
| 大專肄業 | 282 | 109 | 391 | 1.44 | 119 | 80 | 199 | 0.56 |
| 大專畢業 | 1,598 | 1,020 | 2,618 | 9.61 | 4,507 | 4,256 | 8,763 | 24.53 |
| 研究所（含以上） | 103 | 47 | 150 | 0.55 | 749 | 432 | 1,181 | 3.31 |
| 其他（含不詳） | 544 | 199 | 743 | 2.73 | 597 | 653 | 1,250 | 3.50 |
| **合計** | 19,034 | 8,203 | 27,237 | 100.00 | 18,517 | 17,201 | 35,718 | 100.00 |

## 1-4 犯罪者為何要騙人？他們是如何「成為」詐騙者的？

心理學中的「犯罪心理學」領域，研究的正是「犯罪者、受害者與環境之間的關係」。許多犯罪心理學家針對人類的犯罪行為，提出他們的觀察與論述。接下來，我們將簡單介紹幾個較有名的理論，帶讀者一起用這些觀點來重新認識詐騙行為。

**根據美國犯罪學學者希格爾（Segel）[2]的觀點，犯罪者在犯罪前，已經考慮了：**

- 個人因素：需要金錢、因為仇恨、需要刺激、藉此娛樂等。
- 情境因素：受害者好騙嗎？懲罰嚴重嗎？警方會抓到我嗎？

在考量這些因素之後，犯罪者認為「利大於弊」，因而做出冒險的決定；也就是說，犯罪者在犯罪前，其實已經衡量各種訊息，因此這種觀點又被稱為「理性選擇理論」（Rational Choice Theory）。

詐騙在犯罪行為中，確實門檻較低。一個簡易空間、用人頭申請帳戶、一台電話就能開始進行。台灣大哥大公司曾統計過，台灣一天撥出的詐騙電話，高達近一萬通，一通成本低廉的電話，若成功詐騙，獲利可能幾百、甚至幾千倍。

陳玉書、曾百川[3]曾針對十二位曾從事網路詐欺的犯罪者實施訪談發現，初次投入詐欺的動機，確實是出自「圖利、享樂與快速致富」。此外，國內許多學者認為，詐騙犯罪的刑責太低，也可能是詐騙者選擇這種犯罪方式的原因。

另外，也有理論認為「犯罪行為是學來的」，如美國犯罪學家蘇哲蘭（Sutherland）[4]提出的不同接觸理論（Theory of Differential Association）。舉例

---

2 Siegel, L. (2012). *Criminology: Theories, Patterns, and Typologies*. Nelson Education.

3 陳玉書、曾百川（2007）。〈網路詐欺犯罪理性選擇歷程之質性分析〉。《犯罪防治學報》8：115-146。

4 Sutherland, E. H., Cressey, D. R., & Luckenbill, D. F. (1992). *Principles of criminology*. Altamira Press.

來說，若有人曾起心動念想當詐騙者，看到他人因此得到暴利後，就更可能投入詐騙的行列。

更重要的一個資訊或許是，詐騙集團時常是一群「精益求精」的人。對這些人來說，「詐騙」就是工作，他們會持續精進、鑽研相關的科技（好比，從「海外號碼、隱藏號碼」進步到「偽裝特定的來電號碼」）；甚至，努力學習與人有關的知識，設法更嫻熟地博取他人信任。

相比之下，一般民眾對於防範詐騙的知識與能力其實普遍不足，也比較缺乏足夠動力來增加相關知識；這種「不對等」性也讓我們處於更大的受騙危險之中（當然，這也是我們動手寫這本書的起點）。

## 1-5 受害者為何會被騙？

在分析相關案件時，我們三人常不禁感慨，詐騙份子確實「懂心理學」。他們對「人心」是熟悉的，特別是人心裡頭的弱點。分析下來，最常觀察到的心理狀態，就是「慾」與「懼」。例如因為受到以小錢賺大錢廣告的吸引而冒險投資，結果損失大筆錢財，這種案例相信大家都不陌生。而「懼」的部分，好比被黑道恐嚇、親人被勒索、被法官起訴等，都是利用人們恐懼的心理做出發。當然，也有詐騙者濫用人類良善的一面，透過動之以情，如假借慈善捐款、親友電話急難求救等方法，激發人的惻隱之心來進行詐騙。

除此之外，也發現某些人格特質可能較容易受到詐騙。一篇以ATM轉帳詐欺受害者為對象的研究[5]發現，除了剛才提到的「慾」與「懼」之外，一個人如果過度自信、容易被表象所迷惑、喜愛「姑且一試」，較容易受騙。哈佛大學心理學博士 Maria Konnikova 在她探討人類自信的專書《信心遊戲》[6]裡提到，「喜好孤獨」及「不善社交」者，也較容易受騙。

慾、懼與上述提及的人格特質，還有很多心理與環境因素會影響受詐騙的機率。這些心理狀態與個人特質，其實並不如一般人預期的「罕見」。畢竟，誰敢說自己是無慾無懼的呢？這些人格特質在不同情況中也可能是好的，並不是造成容易受騙的「缺陷」。

好比，「對人性的信任」其實未必是負面特質。只是，如果這種信任感毫無選擇與節制，便很可能讓你成為詐騙集團眼中的肥羊。信任感可以簡單區分為特定信任感（對你的家人、朋友、鄰居等之信任）與一般信任感。李田園（Tianyuan Li）與馮海嵐（Helene H. Fung）[7]兩位來自香港的研究者，曾針對世界各地人民的信任感進行調查。結果發現，在扣掉基本人口變項[8]後，年齡與信任感（不論特定或一般）仍具有顯著的正相關，也就是說年紀愈大，我們普遍對人是更為信任的。這可能是因為生命經驗增加、見識與見聞增加，某些情況更能分辨是非對錯，但相對地，這也很可能與年長者更容易被詐騙有關。

林書慶警員[9]曾將受詐騙者心理分成六大類：貪財心理、需求心理、疏忽心理、迷信心理、同情心理及恐懼心理。透過分類可更理解受騙者的六種心理狀態：

## 貪財心理

利用民眾愛錢、貪財、貪小便宜的心理，引誘受害者上鉤，進行詐騙。黃宗仁博士在其博士論文[10]中，將「貪財詐騙」依照媒介，更細分為四種類型：

- **平面媒體**：包括利用刊登廣告為手法進行彩金詐騙、打工陷阱詐騙、房屋假脫

---

5 范國勇、江志慶（2005）。〈ATM 轉帳詐欺犯罪之實證研究〉《刑事政策與犯罪研究論文集（8）》，頁 185-207。

6 Konnikova, M.(2016). *The confidence game: Why we Fall for it... Every time.* Penguin

7 Li, T., & Fung, HH, (2013). Age differences in trust: an investigation across 38 countries. *Journals of Gerontology Series B: Psychological Sciences and Social Sciences*, 68(3), 347 - 355.

8 包括性別、年齡、職業、教育水準、收入、需求、地理區位等。

9 林書慶（2010）。〈反詐騙「心」生活運動〉《臺北：警光雜誌》第 642 期。

10 黃宗仁，《建構詐騙犯罪預防宣導指標之研究——以網路及電信詐騙犯罪為例》，中央警察大學犯罪防治研究所，2010。

售詐騙、旅遊詐騙等。

- **電話訊息**：透過行動電話發送簡訊，或通話詐騙。
- **網際網路**：如透過網路金融卡匯款、網路購物詐騙、網路金光黨、虛設公司行號，或網路兜售假貨等。
- **人際傳播（面對面溝通）**：如金光黨、販賣假元寶或金飾、虛設行號詐騙、重利型投資[11]、惡性倒閉、互助會倒會、假流當品、假調查、假保險、不法傳銷、老千集團[12]，非法炒作匯期貨等。

## 需求心理

在「有所求」的狀態，可以滿足我們需求的途徑，都可能成為詐騙集團眼中的「財源」，例如下面都是目前幾種常見的案例：

- **創業者受騙**：因對貸款、加盟有所求而受詐騙。
- **醫藥詐騙**：患病者對於治療、治癒、仙丹、偏方有所求因而受騙。
- **婚姻、交友詐騙**：單身者因對婚姻與交友有興趣受到騙財或騙色。
- **交通詐騙**：如車輛在高速公路拋錨後，拖吊業者前來協助，卻向受害人索取超乎常理的高額費用。

● **假冒學歷或執照廣告**：以教育部或相關部會未正式認可之國外大學、相關執照，在國內開班授課騙取學費或資歷。

● **瘦身／美容沙龍詐騙**：透過瘦身或美容為誘餌促銷，接著恐嚇，批評受害者逼迫客戶購買更多產品或課程。

**疏忽心理**

疏忽，簡單來說就是「不小心」、「不注意」。有時候，我們會不小心洩漏信用卡資訊使自己被盜刷。或者，因為一時不察，沒發現商家提供的證件、證照其實是假的，因而相信對方買到不健康、不能使用的商品，或參與不如預期的課程活動等。也常因為疏於事先查核，發現問題後，因為對方沒有證照或是合法性難以提出法律

---

11 以投資土地開發或專利案類型的暴利行業為餌，初期給予投資者些許利益甜頭，等到吸金達到一定飽和度就宣布倒閉潛逃，使參加投資者遭受錢財損失。

12 老千在粵語為騙子的意思，此指以千變萬化的手段與方式，對受害人施以騙術。

上賠償要求。這類型詐騙嚴重的話，還有假權狀詐騙、芭樂票[13]詐騙、冒牌銀行網路詐騙等。

**迷信心理**

犯罪者利用民眾迷信鬼神的心理，不管是從負面（鬼怪、恐嚇、迷惑、蠱惑）還是正面（消災、祈福、解運）下手，藉此騙取錢財，或甚至使受害者人財兩失。近期新聞甚至出現許多暴力宗教犯罪集團犯下虐殺孩童的案件，這類案件的起因大多也都源自於迷信心理，不可輕忽。

**同情心理**

利用人性本善，激發同情心，進而使受害者掏錢買單。如：謊報傷病需要救急（親友發生車禍、得到急性癌症等）、假募款真詐騙（利用重大賑災募款卻把公益金納為己有、成立民眾不容易分辨的假機構詐財等）。

**恐懼心理**

這類型的詐騙通常會利用政府、金融機構、司法機構等名義，創造事件，引發受害人的恐懼心理，使受害者不知不覺聽從詐騙者的指示，將帳戶中金錢交給對方。這類事件腳本通常一定會包含有「假身分」的詐騙者（冒名為檢察官、警察、法官等），接者再以受害人「個資被盜用」為由進行詐騙（如金融卡密碼外流、健保保費被盜領等）。

＊＊＊

於「情」，詐騙集團善用情緒渲染力，透過權威或相關角色的模擬，激發受害者不安、恐懼的情緒。或者，他們也善於反過來使受害者覺得自己是「獨特」的：營造這是專屬於「我」的東西、「限量是殘酷的」等手法，激起受害者的慾望。

於「理」，詐騙集團在行騙過程，常以冷靜、絕對肯定的口吻，以「忠告」的口氣向受害者傳達「冷冰冰的數字或法條」。並於過程中，他們常不斷透過手法、話

13 空頭支票，又稱跳票。泛指無法兌現的支票，開票人會被銀行徵收附加費，也會影響信用。在大部分國家及地區，如果發票人故意發出空頭支票，屬於刑事罪行。開出並行使空頭支票的行為則屬於偽造文書、詐欺以及盜竊，不過各國法律的觀點均有差異。

術，建立受害者與詐騙者間的「信任感」。透過情理兼顧的詐騙攻勢，許多人都不自覺地陷入詐騙迷團。

在接下來的內文中，讀者將會看到許多隱微的心理特質與機制。這些都在詐騙過程中交互影響著，使受害者逐步陷入其中而不自覺。然而單看心理學學理分析或許不夠能讓人有所共感，因此，接下來也會介紹數種台灣在地的經典詐騙案例，讓大家一起更深入了解其中的心理原因。

Chapter 02

# 台灣詐騙經典案例的心理剖析

天啊，怎麼會這樣，真的有警官來，太可怕了！
天啊，法官也出現？這太嚴重了，
洗錢案偵查的人都找上來，我真的被誰害了!!

## 2-1

# 愛心筆
# 不買真的沒愛心嗎？

警方近來接獲報案，指稱＊＊市區有「愛心筆集團」現身。該集團招攬學生暑期打工，要求學生對路人強銷愛心筆。經一陣子埋伏佈線，警方果然在人潮眾多的＊＊市區找到一位正在對路人強行兜售愛心筆的高二少年。警方除將他依「違反社會秩序維護法」送辦，後續也將擴大追查幕後集團。

該少年表示，他也是受害者。之前，他在這個地點等朋友時，遇到這家愛心筆集團對他強迫推銷。半推半就下，他不但買了筆，還答應加入打工行列。於是暑假期間，他每天早上到＊＊車站向集團成員領取愛心筆，再依上線成員指示前往特定地區販售。據該少年表示，每件商品售價兩百元，他自己能抽成五十元。

**警方還在少年身上查獲愛心筆集團提供的「教戰守則」，教導工讀生如何對路人搭訕，讓對方放下心防。以下為教戰守則的部分內文：**

- 哈囉～你好，請問一下你是台北人嗎？
- 我們不是變態啦！
- 我們在比賽啦！
- 請問一下你們幾歲？
- 我們現場有十六位學生……
- 沒有啦，開玩笑的。
- 這個借你看一下。
- 這是我們自己做的。
- 有沒有很帥？
- 請拍手，幫我們說聲「加油」好嗎？
- 其實我們是在賣它啦！
- 我們是真的在賺自己的學費。
- 啊！我們沒有強迫啦！
- 可以給我們一個機會嗎～

### ● 幫我們買個心意啦！

「愛心筆」相關新聞相信大家都耳熟能詳。而在這短短的數行教戰守則裡，便可以觀察到幾個心理學的原理正被應用著。我們為大家分析如下：

## 「幫我們說聲『加油』好嗎？」：腳在門檻內效應

對多數人來說，替他人鼓掌、或多說聲「加油」，都算是微不足道的小事。詐騙集團也知道，這種「小事」一般大眾很難拒絕，很多人甚至會想：如果我拒絕的話，我人也顯得太差了吧！因此，人在推銷東西之前，先故作幽默地來一句「你好！可以給我一首歌的時間嗎？」這種開場其實便已經在受害者不知情的情況下，替後面的推銷行為鋪下良好的基礎。

在社會心理學中，這種效應稱為「腳在門檻內效應」，是個很有名的說服策略。這個效應指出如果我們要讓別人答應我們提出的請求，有一個簡單的做法，就是先讓對方答應一個「小小的請求」。如此一來，之後提出的「大請求」往往就更可能會被對方接受。

腳在門檻內效應的取名一開始來自於推銷員。以前的推銷員需要一家、一家地拜訪民眾推銷商品，但往往常被擋在門外。不過，若遇到某一戶人家願意暫時讓推銷員進到門內，「聽一下」推銷，事後成交的機率便會增加許多。

腳在門檻內效應之所以可以成功運作，心理學家提出一種解釋，那就是：我們會有想要維持「自我一致」的需求。換句話說，我們會希望自己的行為、作為是一致的，不然我們會覺得哪邊怪怪的。在我們幫對方鼓掌，並且說出「加油！」的時候，我們就是一個熱心助人的好人。為了維持「熱心助人的好人」形象，我們在面對第二個更進階的要求時，就更難拒絕了。

腳在門檻內的策略還包括，對方可能會要你幫忙拿一下商品，說「這個你拿起來看看」，或者在你答應購買其中一個商品，給了五百元後，才表示沒錢找你，問你是否願意再多花一百塊，多購買一個愛心商品。在這種狀況下，很多人會順著對方的要求而答應了。

另一個類似的手法是，在你答應用一百五十元購買某支愛心筆後，對方才告訴你，這支筆標價錯誤或是特別款，所以價格應是兩百元，問你還願不願意購買。或許，他還會放低姿態，拜託你別因為他的疏忽而放棄購買。這種先讓對方同意一個小要求，然後再提出附帶的要求或代價的手法，又稱為「低飛球法」。一樣是為了讓你維持對自己感受的一致——「我是一個熱心助人的好人，才不會因為多了五十元就不買」，因而買下商品。

## 「你人真是太好了，太謝謝你了！」：正向情緒的誘餌效應

延續剛剛的討論，心理學家指出，「幫助別人」本身可以帶給我們愉快的經驗。所以，在一開始替對方鼓掌、說加油的時候，我們會看到對方快樂的神情，其實自己也會因此感到快樂。而類似詐騙手法的起手式還有「問路」，對方在問完路之後，會大大感激你，然後默默地拿出他要兜售的東西說：「對了，我這邊有個不錯的東西……」

在快樂情緒的引導下，我們的思考與決策會不會受影響呢？答案是，會的。行銷領域的研究「誘餌效應」指的便是商人可以透過一些方法或技巧，誘發消費者的正向情緒，好比：快樂、期待等。處在這種情緒狀態下，我們就更容易出現所謂「決策偏誤」，會使我們的消費行為變得不理性。比方說，在正向情緒促發後的實驗者在逛街購物時，購買前「深思熟慮」的時間，就變少了！

## 「請問一下你幾歲，我們都還是學生」：刻板印象

這類詐騙行為通常都會用類似的方式來開場：「大哥哥，你現在有空嗎？」「大姊姊，可以跟我說聲加油嗎？」為什麼他們要這樣說呢？

一般而言，「學生」通常經濟上不那麼獨立，身為「過來人」，我們多少能理解那種處境。同樣，若遇到「自食其力」的「學生」，那我們的悲憫之心就會更大大地打開。我們會想起新聞上報導過的那些刻苦耐勞，品學兼優的學生，不但要認真念書，還要維持自己的生計。在這種情況下，大人就更容易因為心疼而消費。但這種效應也常有失敗的時候，例如「高中生」穿著制服走在路上，卻被兜售愛心筆的少年叫「大哥」，他聽到後整個火都燒了起來，心想：「我到底是看起來有多老？！」

此外，「說故事」也是這類詐騙行為常用的手法。在上篇案例裡，學生的故事是是「自食其力賺學費的學生」，有些詐騙集團則會用「我們是＊＊系的學生」、「正在集夢完成夢想，出國比賽」、「為了籌措＊＊經費」、「很可憐，賣不完不能收工」、「這剛好是最後一個，你買完我就可以下班了」等名目來編造故事，誘發大家聽完故事之後的悲憫之心。

類似案件的「賣筆人」，有時是一個人，也可能是一群人。一般來說，女生的販售員都會尋找男性下手，曾有受害者表示「一聲撒嬌拜託，真的很難拒絕，腦波弱的就真的會掏錢買」。尤其，如果你有較強烈的性別刻板印象，也就是認為女性是較柔弱、需要幫助的，而自己是大方、有能力的男人，對於這樣的攻勢可能會更難拒絕。

不過，確實也有真正有需要的人會在火車站等地，請求大家的愛心與協助。要如何分辨對方的身分是否為詐騙集團呢？首先，名目正當的募資活動，通常都可以看到清楚的單位名稱，不妨花點時間 Google 一下你的錢是捐給了誰？他們在網路上的資訊合理嗎？查證行為在現代相較於過去容易得多。就算對方說自己是某某知名慈善單位，仍可以親自打電話到對方辦公室，何對方詢問是否有舉辦類似活動。發揮善心是好事，但我們也可以多做點確認，確保自己的愛心被用在正確的地方。

## 好像很合理，但其實無意義或不必要的動作

許多企圖詐騙的人，會做一些混淆視聽的動作，好比，向你再三強調自己絕對不是詐騙集團，然後亮身分證給你看。此動作似乎證明了些什麼，但其實什麼都沒有證明到，亮出身分證其實並沒有任何實質上的意義。

不過，在我們情急的狀況下（好比：車子要來了、朋友約的時間要到了），我們很容易因為焦慮、緊張等情緒的作用，而沒有多餘腦力思考這些行為的合理性。進而容易覺得剛剛那些（其實多餘的）動作，好像讓對方的行為變得更合理或可信了。

類似的狀況還有這樣的說詞：「你買這支筆才三百元，可以用一年，每天都花不到一元喔！」透過這樣的「引導」與「好心分析」，我們當下聽完若沒有充足時間

好好思考，往往沒有辦法即時發現問題。那句話邏輯上雖然正確，但實際上卻未必是支持我們購物的充分理由。

在心理學中，相對應的效應被稱為「感知流暢度」（perceptual fluency／processing fluency）。那些聽起來越順耳，越容易被我們大腦處理的資訊，會讓我們覺得輕鬆，我們容易對它產生好感，也覺得它們聽起來都是正確的。但順耳的資訊未必是正確的，只是它讓我們的大腦不需要太費力就可以處理。在這種時候，我們就更不可能「費力」來理解裡頭的不合理。

類似的效應還有一種稱為「韻律當理由效應」（rhyme as reason effect），研究發現，聽起來擁有韻律的語句，會讓我們覺得比較有道理。這也是為什麼政治人物的口號都要「簡短有力」的原因。同樣的現象也出現在華爾街的股票中，研究發現，名字越好唸的股票，在上市初期漲幅確實比「難唸」的股票還要多。因此，留意靠近你身邊、對你說一些「華麗話語」的人，試著找到裡頭「華而不實」的資訊吧！

## 操弄身份地位與認同：認知失調

「剛剛啊，有一個人也是像你這樣，但是他聽到這是要做愛心的，就二話不說買了呢！」

「唉唷，姊姊你穿的這麼漂亮，怎麼可能沒錢啦～」

「都出來逛街出來玩了，怎麼可能沒帶錢？」

「先生你那麼小氣，小心交不到女朋友哦！」

「你真的很沒愛心耶！」

上述這些話都是藉由操弄凸顯我們的「身份」，企圖引導我們的行為。在心理學中，這種稱為認知失調（Cognitive dissonance）的現象，指的是在同一時間裡，一個人內心出現了兩種互相矛盾的想法，而這種矛盾帶來不舒服感、甚至有點緊張。為了處理這樣的矛盾與不舒服，我們容易想出一些方法，像是改變自身的行為，或在心中改變其中一個想法，來改善這種緊張衝突的狀態，這就是認知失調。

「身為一個有愛心的人，我真的應該買一隻愛心筆才對，怎麼可以就這樣走掉」、「身為一個想交到女友的人，我真的應該買一隻愛心筆才對，不然真的太小氣了」、「確實沒錯，我今天就是出來逛街、買東西的，穿得漂漂亮亮卻斤斤計較這些小錢實在說不過去」。那些話術企圖誘發我們期待自己擁有的部分面向或特質，但「不買筆」這個行為顯然與這樣的特質（有愛心、大方）是衝突的。為了留住這些我們想到的特質，我們能改變的就是自己的行為，「好吧！買下去了」。

若要突破這種認知失調的現象，我們心中得要清楚了解到「不買愛心筆 ≠ 沒愛心」。事實上，要做愛心有太多種方式，倘若我們腦波弱，就真的很容易被請君入甕，帶了一支很不實用的筆回家。

另一種認知失調則會發生在真的買了愛心筆之後。朋友看到你居然真的心軟買愛心筆，有人會笑你，或者說「太扯了吧！你居然花這麼多錢買這一支筆？！」這些言論出現之後，買筆的人心裡多少便會受挫。為了處理這種不舒服，很多買筆的人會自我安慰說：「哎，這隻筆真的不便宜，但沒關係，我就是一個有愛心的人啊！我才不是被騙呢！」許多多次購買愛心筆的人甚至會想：「我知道這是騙局啦，但沒關係，我做善事的心意是不會因此而被影響的」。這就是一種透過調整「想法」來讓自己的行為與思考之間可以「不失調」的方法。畢竟，要坦誠自己就是被騙、被拗可是件不舒服的事情。

原來一個看似簡單的兜售行為，背後其實用了這麼多心理學的原理。期待透過這樣的案例分析，讓各位讀者更熟悉我們「難以抵擋」這些詐騙行為背後真正的原因。接下來，我們再來看看ATM受害者的心裡在想些什麼。

## 2-2

# ATM詐騙
# 為什麼我們會把錢交出去？

某日，陳太太在住家接到自稱是「＊＊醫院」的櫃台小姐來電，詢問她是否有委託他人到醫院申請住院給付。陳太太表示，從未去過該醫院。對方卻回覆說：「現在櫃台有位王先生要幫妳申請給付，想要確認妳有沒有提供委託書呢？」

正當陳太太覺得困惑時，對方又說：「現在詐騙案件很多，是不是妳的證件有弄丟過，被拿去冒用了？」陳太太心想，該不會真的是這樣吧，還來不及回話，就聽到電話那頭傳來櫃台小姐的大叫聲：「警衛！把那位穿白衣服的王先生攔下來！」，接著就聽到醫院那邊傳來正在報案的吵雜聲。過沒多久，電話的聲音變成了男性。對方自稱蔡警員，和陳太太表示，這個案件會移交給台北市刑警大隊黃科長辦理，請她在電話中等候。

就在陳太太心想警察來幫忙應該就沒問題時，自稱自己是黃科長的人接起了電話說：「陳太太嗎？我們寄過兩次傳票到你家，妳為什麼沒有去法院報到？有證據指出，妳牽涉一件五億元金融洗錢案件，很多人指證說是受妳指使。今天是案件調查最後一天，我們已經發布通緝，等一下妳若出門，只要遇到警察就會遭到拘提，今天下午四點前，你準備換洗衣物，自己到地方法院報到，如果有必要就要進看守所。」

晴天霹靂，怎麼會這樣？陳太太聽聞此事後全身癱軟，又聽到電話中傳來其他聲音，很生氣地罵著黃警官說：「為什麼還沒有把她關起來！？」黃警官不斷求情，向對方說：「她感覺只是一個婦人而已，不是那種會為一點錢而犯罪的人，法官，妳給她一次機會好嗎？」

這時電話又換了一個聲音，疑似是剛剛罵人的法官，她拿起電話說：「陳太太嗎？妳要配合辦案，協助釐清案情，否則會害到很多人。」於是，在法官詢問下，陳太太一五一十地說出自己的家庭狀況、銀行存款、房屋情形。確認這些資訊後，法官又說：「我們怕妳會潛逃海外，但如果妳設法將戶頭存款全領出來支付保釋金，就可以不用坐牢了。」陳太太一聽到法官願意網開一面，並說會代為向法務部長求情時，非常感謝這位法官！

於是，她便來到附近銀行提領現金，並婉拒保全人員護送。銀行副理關心地詢問「為什麼突然要提領這麼多現金？」想不到陳太太竟用歹徒教過的「買賣土地」說詞來回應副理的關心，還不斷說「我有急用，你不要問那麼多」。

銀行無法干預，只好將錢整理給她。陳太太年紀一大把了，在銀行時形跡詭異，行動不便要靠拐杖，但卻不讓人幫忙。原來，她口袋中的行動電話正一邊與歹徒連線。歹徒謊稱陳太太必須得全程開著手機接受監控，這樣才能確保她不會落跑；而實情是，一直開著手機，可以阻斷陳太太向外人詢問或求助的機會。

陳太太邊獨自扛著兩袋現金站在馬路邊聽著電話時，一輛小客車駛近，一名年約三十五歲的男子下車將錢取走，並跟陳太太說這樣就沒事了。陳太太鬆了一口氣，晚上兒子回家，她道出今天的遭遇後，兒子立刻帶她到警察局報案。她萬萬想不到這場緊張的司法辦案、拘提過程，竟是詐騙集團詐騙她的一場戲。[14]

## 恐懼如何影響決策？

認知心理學家、行為經濟學家都對於我們如何做決策的過程深感興趣。在這個案例中，詐騙集團明顯地透過誘發「恐懼」的情緒，來影響婦人行動。

回頭看看這個案例，在通話過程後續出現的人物有「蔡警員、刑警大隊黃科長、法官」，他們所代表的職業（警察、法官）幾乎都給人權威的印象。一般情況下，這些身份也是「公權力」的代表。

「畏懼權威」的心理狀態其實很普遍。在面對權威、強勢或有權力的人物時，我們自然會感覺害怕、恐懼、不安，甚至可能在實際互動時表現的語無倫次、腦袋一片空白。對每個人來說，權威代表的人不一樣，有人是老闆，也有人是老師、客戶或前輩等等。但對大多數一般民眾來說，軍、警、法界的人物，多半都被賦予「權威」的身份，因為他們是代替國家執法的人。

因此，非常多詐騙都是以公部門、軍警法政的角色為基礎，要求受害者遵守部分指令（大部分是匯款），否則將受刑責或嚴重處分，作為誘發受害者恐懼的方式。

而事實上，這種對於權威的懼怕，是普遍存在每個人身上的。

中央研究院前副院長劉翠溶女士，擁有哈佛大學遠東歷史與語言組博士的高學歷，是研究中國經濟史的權威。二〇一五年三月，劉女士接到來自自稱「台北地檢署」的電話，對方告知她涉及一宗侵占公款案件，目前有十幾個人打算聯手告她。

14 案例改編自內政部警政署刑事警察局網站。https://www.tipo.gov.tw/public/Data/552817202871.pdf

在接聽電話後，劉女士相當害怕、急忙喊冤。電話那頭的檢察官使用與上述案例相像的方式，要求劉女士交出保釋金，就可以不用逕行拘提。於是，劉女士先後交付六十、七十萬元，得到對方提供的「假公文」。後來，更把自己的存摺、密碼和印章都交給了歹徒。這段期間，歹徒陸續將她戶頭中的存款萬全部都領光。這案例上新聞後引起一片譁然，許多人都相當詫異，原來高知識的人，也跳不出詐騙集團精心策劃的劇本。

在恐懼、焦慮的情緒作用下，我們理智思考的腦區（特別是前額葉）就會被抑制。這時，我們做出的決策多半是衝動、直覺的。為了快速應對這樣的情緒，大腦發展出來一種決策歷程，可以繞過「理智」的干預，讓個人快速做出回應，好避免太晚反應而遭遇危險。

神經科學家約瑟夫・雷德斯（Joseph Ledoux）曾說過一個故事：某天在登山時，剛下山的登山客好心提醒你，這座山上有蠻多蛇的，你要小心一點。聽完對方的建議後，後面的你戰戰兢兢地爬起了山。忽然，你瞄到前面的岔路中，有一圈盤繞的東西。

在這個情境裡，你還來不及「理性思考」那是什麼的時候，你的身體就已經幫你快速往後退了幾步。那主動保護你的功能，便是來自大腦中一種稱為「杏仁核」

（amygdala）的地方。杏仁核主管我們的情緒及恐懼，又被稱為情緒警察，它的反應極為快速，而且可以直接繞過「理智」的干預。因此在看到一個模糊的東西時，杏仁核會「先下手為強」，讓你避開危險。就算你後來理智思考才發現，原來那是草繩，誤判了，但也沒關係。對大腦來說，寧可誤判危險，也不能來不及避開任何一個危險。不過也正因「恐懼主導力量之強大」，我們往往來不及理智思考，就做出一些行動，甚至把錢交了出去。

恐懼會使人高估風險，因而太快做出衝動的決定，不可不慎。

## 當詐騙集團做足功課，我們就危險了：驗證偏誤

在認知心理學中，有種稱為「驗證偏誤」（confirmation bias）的概念。這個詞指的是在我們做決定時，會尋找一些資料來輔助決定。但我們常在不知不覺中，去關注、尋找那些可以確定「成見」的資料來強化當時的決定。

在這起案例中，詐騙集團「做足了功課」，巧妙地提供各種素材，讓受害者可以「義無反顧」的做出最後的決策——乖乖聽話。

「怎麼會，我怎麼可能會涉及洗錢案？糟糕，如果我真的被扯入這種案件的話，豈不是犯法了？法律……警察……法官？天啊，怎麼會這樣，真的有警官來了，太

可怕！天啊，法官也出現？這太嚴重了！所以洗錢案偵查的人都找上來了，我真的被誰害了！！」

這一切都完全符合「洗錢案」該出現的人物結構。在這種慌忙時刻中，我們得到各種「讓劇本更合理」的線索，驗證自己「真的被誰害了」的想法，因而一步步陷入了詐騙集團編織的迷網中。

類似案例還包括，經典的「解除分期付款」案例。

詐騙集團透過非法管道，取得我們在網路上購物的個資，不管這些個資是商家不小心外流，或者是被駭客入侵而流出。我們的資訊，包括姓名、電話、購物明細，他們都一清二楚。

相關案件中，自稱「客服人員」的人打來表示：「您好，您之前曾向本公司購買＊＊貨品，因為公司內部作業疏失，將您的金額誤設為十二期分期扣款。如果未取消訂單，您可能會被重複扣款。要請您幫忙配合指示操作取消訂單。晚點金融單位的人員會再與您聯絡。」

看似好意的提醒，很多受害者在第一時間就信任了對方，但之後真正把錢轉出去的原因，正是這樣的信任感被濫用。沒多久，金融相關單位的電話就來了。詐騙集團做足功課，把「來電顯示的號碼」改為「金融單位的號碼」。因此儘管很多人早為了怕廣告電話，安裝一些偵測來電身份的軟體或APP，但在螢幕顯示「＊＊銀行」時，仍舊陷入了驗證偏誤的陷阱中，完全不疑有他，繼續聽從對方指示。

通常，對方會在電話中告知：「請您到最近的提款機解除分期付款」。且在過程中，對方會不希望你掛電話，他會很有耐心地等你移動到提款機，接著要你依照指示，輸入＊＊代碼，再輸入帳號＊＊＊，轉帳＊＊＊元。

有時候，對方甚至會指示長輩刻意把ATM操作過程變成「英文」介面，長輩就更難知道自己到底在操作什麼了。同時，詐騙過程中，對方也會搬出一些事實上毫無根據的特定用語，比方說「安全帳戶」，透過看似專業的用語使受害者更不疑有他。典型腳本如：「剛剛因為操作錯誤，資料卡在ATM裡，我們現在要幫你把存款轉移到『安全帳戶』，這樣才能繼續往下操作，請您將存款先挪移到以下帳號＊＊＊＊＊」。

這種案例就算是高知識份子，只要與金融、商業金流手續不熟，還是可能被騙。例如有具博士學位的工程師，在網路上團購東西，線上刷卡付款後，接到自稱購物網站的人來電。對方說他「錯勾分期付款」，同樣的要他到提款機「操作取消」。對話過程中，詐騙集團搬出像是「操作錯誤」、「凍結帳戶」、「涉嫌洗錢」等理由，威脅受害者「你的帳戶會交給金管會監管」。被威脅後出現的焦慮感，使該男在

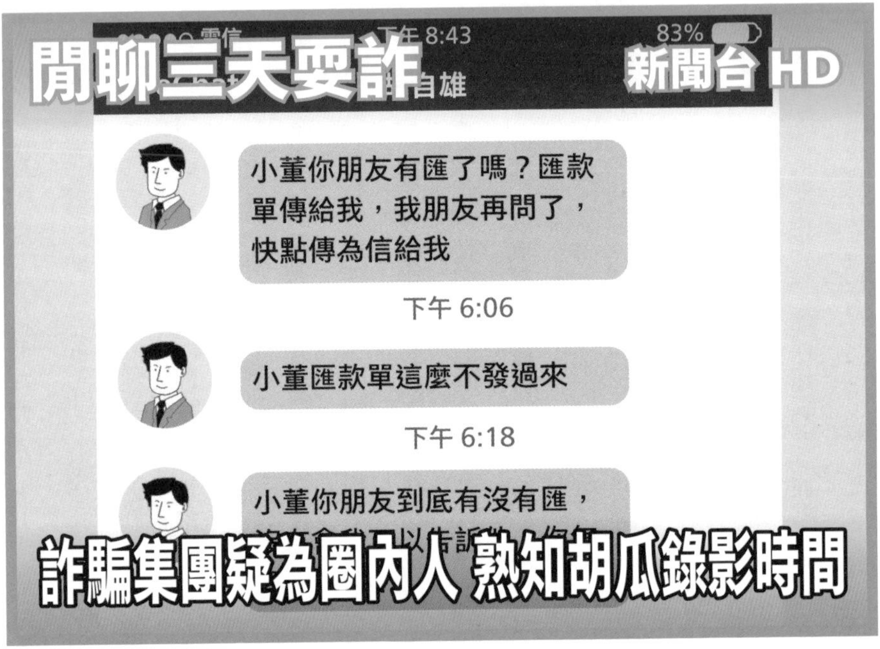
閒聊三天要詐
新聞台 HD
83%
小董你朋友有匯了嗎？匯款單傳給我，我朋友再問了，快點傳為信給我
下午 6:06
小董匯款單這麼不發過來
下午 6:18
小董你朋友到底有沒有匯，
詐騙集團疑為圈內人 熟知胡瓜錄影時間

半個月內轉帳七次，前後共被騙走一千多萬元！

驗證偏誤另一種出現的機會是對方是熟人，因為熟悉我們便常不仔細思考。日前新聞報導藝人董至成收到自稱好友胡瓜傳來的訊息，對方和他在網路上閒聊了三天後開口向他借款八十五萬，因為對方說話口吻與胡瓜相似，董至成沒有多想，二話不說準備到銀行匯款。

但在董至成準備轉帳時，他老婆跟銀行行員都覺得奇怪，提醒他要小心，這時一查才發現真的是遇到詐騙。為什麼三天的時間董至成沒有產生疑問，或對胡瓜需要借款八十五萬也沒有覺得奇怪呢？仔細看詐騙集團細膩的手法就知道了。

首先，對方以「胡自雄」，也就是胡瓜的本名加董至成的微信，並不是所有人都知道胡瓜的本名，但與瓜哥熟識的人——董至成，想必知道。

第二，胡自雄在微信上說，自己現在正在錄影，這筆錢是他朋友要借的，可是因為他正在錄影，無法抽身、走不開，所以請他幫忙。而當時董至成確實也打給了胡瓜助理，助理表示「瓜哥現在正在錄影，沒錯。」因此，「正在錄影」就成了「資訊正確」，讓董至成更「不疑有他」，「驗證」對方真的是瓜哥了。好在董至成後來聽太太的話，親自到攝影棚找胡瓜確認，才釐清真相，也保住這麼一大筆錢。

上述利用熟識關係的驗證偏誤手法，也常應用在「小額付款」的詐騙中。詐騙者通常會先假裝是你熟悉的朋友，讓你產生信任。之後，再透過電子郵件、通訊軟體的聊天視窗、簡訊等來誘導受害者，藉此取得網路帳號、密碼等小額付款所需的關鍵資料。看看下面這些對話，都是暗藏玄機的魚餌喔！可別因為傳訊者的帳號真的是你朋友，就輕易點下去。記得，在這個時代，人人的帳號都可能被盜用。

- 「哈囉，我兒子參加學校的畫畫比賽，可以幫個忙，幫我投票給他嗎？（後面接著要你點下去的網址）」
- 「是老陳嗎？老同學好久不見，來看我現在的照片，能想起來我是誰嗎？>>安卓手機這裡看（後面接著要你點下去的網址）」——按下去之後，網頁自動下載一個副檔名為apk的手機APP，之後螢幕跑出一些人物照片。不到一小時內，接獲電信公司傳來的小額付費簡訊通知，告知已消費新臺幣六千元。
- 「誒，我等等要開會，你幫我收一下購物簡訊好嗎？我手機等下不能用。」——在告知詐騙集團自己的手機之後，自己手機就收到了多封「網路購物手機驗證碼」，雖然簡訊中提醒收信者，勿將確認碼向他人或網路親友透露，但受害者仍將認證碼告知對方，因而被詐騙。

這些詐騙者考量到人性多半信任他人，在基礎關係建立後，就能更輕易地要到受害者的個資，並讓受害者在不知情的狀況下，同意某些付款行為，等到收到下一期電信帳單時，才得知遭受詐騙。

這類型的小額付款都建立在我們容易相信他人的特質。特別是「網路上已有既定關係」的他人，好比臉書的朋友、曾經在通訊錄名單（但其實不認識的、也不知道對方打哪來）的聯絡人等。

另外，也有許多受騙的長輩是出於對科技用品與使用的不熟稔，因此很多時候以為「連結」只是按一下不會怎樣，這都也成為許多詐騙案得以發生的重要原因。

＊＊＊

**根據林秉賢的調查[15]，在「通訊對話視窗」內，若出現下列文字串，就很可能是詐騙訊息，值得大家留意：**

---

15　林秉賢，〈一個偵測行動裝置即時通訊訊息的反詐騙系統——以臉書即時通為例〉，國立臺灣科技大學資訊管理系碩士論文，2015。

| | | | | |
|---|---|---|---|---|
| 匯錢 | MY CARD | 故障 | 電話 | 手機 |
| 沒電 | 號碼 | 警察 | 軍警 | 簡訊 |
| 超商 | 序號 | 認證碼 | 點數 | 保證金 |
| 援交 | 遊戲 | 支付 | 購買 | 帳戶 |
| 付款 | 竹聯幫 | 操作 | 帳戶 | 小額付款 |
| 團購 | ATM | 銀行 | 身分證 | 商店 |
| 代收 | 簡訊 | 贖身 | | |

以上面字串為素材，下方都是新聞裡常見詐騙案例的排列組合，提供讀者參考。

- 購買三萬元的 MY CARD 遊戲點數卡。
- 要男子幫忙贖身，男子不但被騙，還花了六十三萬買遊戲點數。
- 遇到假警察釣魚，要男子先到超商購買遊戲點數當保證金。
- 買千元遊戲點數作為援交費用，再購買三萬元遊戲點數好確認你是否為警察。
- 提出援交訊息，惟需先確認是否為軍警為由，要求購買遊戲點數。
- 要求受害人購買遊戲點數並告知序號、密碼後，要求受害人操作ATM確認職業。

- 要求受害人告知手機號碼、身分證號碼等資料，之後受害人會收到小額付款認證碼簡訊。
- 表示因上網購物，需要幫忙提供電話號碼及身分證字號，並且回傳認證碼。
- 手機故障、沒電，急著參加團購等理由需要請其代收簡訊。

介紹完愛心筆與ＡＴＭ轉帳詐騙後，再來，我們將看看另一種不同型態的詐騙：愛情詐騙。

## 2-3 愛情的騙子

「不好意思，能請問你的名字嗎，我的手機通訊錄有你，但是我沒有備註。」那天，她在手機的 Line 中看見一個陌生的訊息。

她點開了大頭照，這個男生有著迷人的笑容，但她實在沒什麼印象，兩個人聊了一下，才發現原來是個烏龍，這個男生叫做 Gordon，三十二歲，廣州人，目前在香港一家證券公司工作。可能當初在輸入哪個客戶的電話輸入錯了，不小心就加入了她的帳號。

她想，大概是因為都獨自在異地工作的關係吧，兩個人好像格外投緣。從隨意地聊著，到每天早晚問候、關心，再到語音聊天，接著開始以老公、老婆互稱。他們編織著以後共同生活的美夢，Gordon 總是說他要多賺點錢，賺夠了錢就和她結婚，到時候兩個人不管在哪，都有彼此陪伴。

她也曾對這樣的戀愛感到不安，可是 Gordan 說「想念她」總說得那麼真心，總要她工作不要太累，又像真替她心疼。況且，Gordon 去到哪裡都告訴她，又時不時拍下各種照片傳給她，讓她有種自己好像真的一直在他身旁的感覺。更重要的是，Gordon 說他已經安排好休假，等下個月他手邊的專案完成後，就飛來台灣來找她。

轉眼間，再過幾天就是 Gordon 來台灣的日子了。這天 Gordon 突然傳訊息給她，說有個超級好的好消息。她一頭霧水地追問，Gordon 才接著說，其實他最近忙著的投資專案，公司藉由特殊管道獲得一些內線消息。公司會透過專業分析師的計算決定ＶＩＰ客戶進入股市的時間，進行短線操作，照之前的經驗，獲利大多落在二十到三十倍之間，這種狀況可遇不可求。

Gordon 解釋一般來說，要成為ＶＩＰ客戶對於資產、下單交易金額都有嚴格限制，但這次因為有個客戶要移民，公司急著找人代替，而 Gordon 跟進這個專案很久了，所以公司才容許他找人代替，且要求這個人必須是 Gordon 信任的人，由 Gordon 擔保，確認這個人不會外洩公司機密。Gordon 說這個機會非常難得，還因為怕引起金管局注意，限制每個 ＶＩＰ 最多只能投資五萬美金，他已經幫她爭取到這個名額，只要準備五萬美金，其他文件 Gordon 會幫她準備，只是時間要快。

她覺得有點不安，但 Gordon 告訴她，這是個萬無一失的投資機會，若不是因為他是員工不符合資格，他早就投資了。但她還是覺得不妥，Gordon 一開始耐心向她解釋，跟她說除了希望兩人一起為將來結婚努力外，也是捨不得她現在的工作壓力大。後來他話開始說重了，說為了幫她，自己還跟朋友借錢先拿給公司做擔保。想不到在她眼中這些都不算什麼，她完全不想為他們的未來努力，「如果對妳來說，這段感情只是玩玩而已，我們還是到這邊就好……」。她嘗試解釋，但 Gordon 似乎還是無法諒解她。

她想起這段日子以來他的關心、他的笑聲、他對自己的心疼和安慰，想到 Gordon 完全不遲疑就決定要幫她擔保，她覺得很愧疚。雖然還是不放心，但她決定要為了 Gordon、為了兩個人的未來勇敢一點。之後兩天，她向幾個朋友借了錢，湊到五萬美金，匯到 Gordon 給她的帳戶。

「老婆，妳不要擔心，老公會幫妳處理好其他文件。好期待下禮拜去台灣見你喔……」這是 Gordon 傳給她的最後一個訊息。

## 歸屬感是人的基本需要

在這些愛情詐騙的新聞底下，偶而會看到一些不太友善的評論：「這些人是有多飢渴？這樣也被騙！」老實說，這樣的論點有部分正確，但也有部分錯誤。「因為太過飢渴而陷入騙局」可能不是「這些人」才會，而是「幾乎每個人」都會。

根據社會心理學家 Roy Baumeister 與 Leary, M. R.[16] 的論述，對歸屬感的需求是人的基本動機，你不僅僅是「想要（want）」得到歸屬，而是「需要（need）」得到歸屬——就像你需要吃（至少達到最低量的）食物，你需要擁有（至少有最低量的）持久、重要且正向的人際關係。想確認人際關係的重要性嗎？你可以回想最近幾個在生活中實際讓你產生強烈情緒（不管是正向或負向）的狀況，你很可能會發現這些情緒常常都和「你與他人的關係」有關。

所以，也許是獨自在異鄉工作又融入不了公司、也許是感情路總走得不順遂、也許是家人間感情特別淡薄……對於那些歸屬感需求未獲得滿足，或者說，對正向人際關係感到「饑渴」的人，特別容易被吸引進這樣的騙局中。他們不一定是從一開始就期待這段關係發展成親密關係，但他們確實「需要」一些正向的互動對象，而這個「需要」就趁勢被利用。

16 Baumeister, R. F., & Leary, M. R. (1995). *The need to belong: desire for interpersonal attach-ments as a fundamental human motivation*. Psychological bulletin, 117(3), 497-529.

## 美就是好

再來，我們會發現，詐騙集團常常使用外表吸引力強的照片。雖然這件事情可能顯得太過理所當然——既然要以色誘人，自然要使用長相帥氣或面容姣好的照片。但除此之外，外觀吸引力的效果可能比一般人想像的更大。心理學的研究發現，我們會把外觀的吸引力和其他良好的特質相連結，也就是「美就是好的刻板印象」（what-is-beautiful-is-good stereotype）。因此，當我們看到一個長相好看的人，我們常會覺得這個人有比較好的社交技巧、受人喜愛，也更容易覺得這個人是有能力、聰明、且身心健康成熟的。這些刻板印象會讓我們更容易相信他所營造的背景，以及後續的騙局。

## 有時候，雖然不「美」也不一定不「好」

有些人可能會質疑：有時還是會聽到有長相平庸的人成功進行愛情詐騙啊！（這種狀況在非網路／實際見面的愛情詐騙中可能較容易見到，因為實際見面難以偽造真實的長相）。沒錯！不過我們可以注意到，這種狀況受騙的可能以女性居多，這是來自於男女性在心理需求上的差別。

有時候，親密關係像是一種社會交易，我們嘗試在互動的過程中，彼此付出、交換，讓雙方都得到一定的滿足，我們在交換的經常不是客觀的利益，而是自尊、愛和歸屬感等等。

在 Li, Bailey, Kenrick, & Linsenmeier[17] 的研究中發現，在選擇長期親密伴侶的交易市場中，有些特質或條件是「必需品」，有些則是「奢侈品」——雖然身體的吸引力對男性而言是必需品，但對女性來說，對方擁有的地位和資源才是必需品；此外，才智與親和力則對男女性皆是必需品。

我們在「擇偶預算」充裕時，通常必需品和奢侈品都想要，所以這時男女性在選擇對象的條件上差異不大，可能都會希望對方是外貌吸引人、社會地位高、又親切又聰明的高富帥／白富美。

但是，如果「擇偶預算」非常有限時，我們會盡量將預算投注於必需品中，讓我們至少能夠得到基本的滿足，這時候男女性的差異就顯現了——相對於男性，女性沒有這麼在意對方的外觀吸引力（女性的「奢侈品」），但女性會更重視對方是否

---

17 Li, N. P., Bailey, J. M., Kenrick, D. T., & Linsenmeier, J. A. (2002). *The necessities and luxuries of mate preferences: testing the tradeoffs*. Journal of personality and social psychology, 82(6), 947.

有基本的財力與社會地位。

這種兩性在擇偶上的差異可能來自於演化或者社會文化的影響。演化觀點認為，能夠促進後代繁衍和生存的特質會較容易被保留下來，因此女性的價值在於具有更健康、更能繁衍後代的身體（可從身體的吸引力及年紀獲得一些線索），而男性的價值則在於提供給後代足夠的資源（可以用地位、財力、勤奮程度等來衡量）。

因此，演化過程中可能逐漸發展出這種讓男女性得以去觀察、重視不同條件的心理機制。而社會文化觀點則認為，相對於男性，女性在大多數的社會中能夠獲得地位、權力和資源的方式較少，因此她們會找尋有這類特質的男性，以獲得向上流動的可能。

當然，在提及兩性差異時，我們說的是「平均而言」或「有較多的男性／女性會這樣」，所以一定也會有將外貌當作必需品的女性，或者特別重視另一半社會地位的男性。但對於詐騙者來說，他們不需要「量身訂做」，他們只需要掌握大多數男性或女性特別在意的部分，並且在遇到無法被吸引的人時，轉而去欺騙別人就好。

因此，從新聞上面，我們會看到很多女性詐騙帳號（這邊指的是，詐騙者幫自己營造的角色是女性——從警方破獲的詐騙集團中發現，有些女性詐騙帳號在螢幕後其實是不折不扣的男性）用自己經濟狀況不佳、生活困難來行騙，但是男性詐騙帳號較少營造出這樣的背景，反而常會蒙騙對方自己是工程師、機師、金融專業人員、律師等專業人員，僅是因為資金周轉不靈、家中突有變故、或有額外的投資管道，所以需要金錢。

## 難以轉變的第一印象

再回到詐騙者對詐騙對象的初步接觸，不管他運用的是人對歸屬感的需求、美就是好的刻板印象、或是營造出特別容易吸引到對方的背景與特質，當好的第一印象產生後，這個騙局就已經完成一半，這是因為訊息呈現的順序對我們的印象形成有重要的影響——一開始呈現的訊息會具有較大的影響力，這就是心理學中說的「初始效應」（primacy effect）。

雖然在我們審慎考慮、持續提高警覺的狀態下，初始效應的影響可能會比較小，但是，大多數的人際互動中，我們其實不會特別在意、反覆確認自己對另一個人的印象是否正確、會不會過度美化。當有了初步印象後，我們常常對後續的資訊就沒這麼在意了。甚至有些陷在騙局中的人，即使面對其他人的提醒和質疑仍深信不疑，「我們都相處了那麼久的時間，他怎麼可能騙我這麼久，還一點破綻都沒有！」這其實是因為我們的腦袋會自動幫這些詐騙者圓謊。

詐騙者可能從一開始就展現了對你的關心，也有意無意提及他去做志工或提到朋友都說他心腸太軟，這些都是為了營造出你對「這個人是溫暖的」的印象。在有了這樣的第一印象後，我們就較容易出現先前曾提到的「驗證偏誤」，也就是我們開始會去注意、尋找能夠支持原先想法的資訊，或用比較支持原先想法的方式去解釋資訊。這是因為我們的腦袋喜歡「一致性」，所以有時候即使獲得一些跟原本印象不一致的訊息，腦袋也會幫我們進行「自動校正」。

例如，詐騙者可能一時疏忽，不小心說出較冷漠的言詞，但我們不太會轉而認為「他其實不溫暖，是一個冷酷的人」；而是更可能用一種較曲折的方式去解釋原本的印象，例如「他是個溫暖的人，不過他也很冷靜、理性」。因此，可能會讓我們錯認，把驕傲解釋成有自信、無禮解釋成率性。

此外，當某類印象形成後，我們可能會出現「自我實現預言」（self-fulfilling prophecy）：因為自己的想法而影響到與他人互動的方式，並進而驗證了原先的想法。比如說，當溫暖的第一印象形成後，可能會更願意透露出自己的煩惱和心事，而詐騙者便更能展現出對你的支持和鼓勵。接著，因為常常聽到他的支持鼓勵，會讓你覺得他果然是個比別人更溫暖的人。

不過，仔細想想就會發現，若願意向其他人透露煩惱和心事，別人也許也會有一樣的溫暖反應。所以不一定是詐騙者比較溫暖，而是因為你覺得並創造讓他展現溫暖的機會。由於你的「自我實現預言」，詐騙者並不需要一直主動表現得比別人更溫暖，就能繼續維持這個假象。

因此，在防範詐騙時，務必小心，有時挖洞給我們跳的人，其實就是自己！一旦詐騙者成功讓你產生良好的第一印象，你就會自動地去尋找那些支持的證據（驗證偏誤），甚至主動創造讓詐騙者展現良好特質的機會（自我實現預言）！這是詐騙集團整合兩種心理學概念的應用。

## 人其實不擅於偵測謊言

社會心理學家 Bond 和 DePaulo[18] 曾經整合了兩百零六個關於偵測謊言的研究。結果發現，平均而言，人們在區辨真話和謊話的正確率是54%（其中，成功識破謊言的比例是 47%，而判斷真話為真的比例是61%），和亂猜也能有 50% 正確的結果相比，這似乎不是一個讓人感到驕傲的表現。即使在一些，我們認為應該比較

18 Bond Jr, C. F., & DePaulo, B. M. (2006). *Accuracy of deception judgments. Personality and so-cial psychology Review*, 10(3), 214-234.

能偵測出謊言的人，例如執法人員、精神科醫師、法官等，研究發現他們的判別表現其實也並沒有比較優異。

但不擅於偵測謊言還不是太大的問題，更大的問題往往是過度自信。研究發現，人們在估算自己判別真話與謊言的正確率時往往都會高估。而且，對自己區辨謊言能力較有自信的人，實際上表現並沒有比較好，事實上，他們更容易會判斷別人說的話是真話——不管對方講的是真的或假的。此外，對於親近的對象，我們往往對自己的判斷會更有信心，也更容易判斷對方說的是真話。

這也代表今天當有人刻意要欺騙時，我們其實並沒有精準的能力能判斷這是不是謊言，這個能力的正確率甚至只比用骰子丟好一點點。但我們常常會相信自己的判斷是對的，尤其當欺騙你的人是很親密的人，你很容易就會覺得「我很了解他，我很清楚他是不是在說謊」——雖然這在其他人眼中看來是執迷不悟。

為什麼會這樣呢？這某部分和我們的「動機」有關。有的時候，我們太希望看到自己幻想中的樣子，這種強烈的希望會讓我們視而不見醜陋的真實。所以儘管有些受騙的人在過程中也曾試著查證，但就在看似快要揭穿謊言時，又會自圓其說：「他們網站可能太久沒有更新了」、「公司可能太小了查不到」、「可能我誤會他的意思了」、「他應該一時口誤」、「大概是我記錯了」、「他可能正在忙」等等。這種自圓其說、合理化，在你已經將對方視為親近的人時，就更容易出現——因為我們的腦袋是偏心的。

## 偏心的大腦

我們的大腦在處理「與親近他人有關的訊息」，和處理「與陌生人／較疏遠的人有關的訊息」時採用不同的模式，「與親近他人有關的訊息」的處理方式會較接近「與自己有關的訊息」。

**研究發現，人類大腦會對「自己」偏心。比如說，我們比較容易記得和自己有關的事情。這種偏心可能導致兩種現象，**

- **自利偏誤**：成功時覺得是因為自己的「能力與性格」，失敗時則認為是「環境或運氣因素」導致。
- **樂觀偏誤**：覺得自己將來發生好事的機會比其他人來得高。

而這種偏心，也出現在看待親近的人的時候：我們比較容易記得和他們有關的訊息，常把榮光歸於他們個人而不是環境或運氣，若當我們覺得自己比其他人幸運，那這些親近的人就跟我們一樣幸運！

總而言之，我們的腦袋在看待這些親近的人時，就像使用粉紅色濾鏡，看到的似乎總比現實更美好一些。

這種正向錯覺在一般狀態下，不一定是件壞事。心理學研究發現，正向錯覺和親密關係的滿意度有關，而且是相互影響的。也就是說，當你對這段親密關係越滿意，就越容易對另一半有正向錯覺，並且，當你對另一半有越多的正向錯覺，也會讓你對這段關係更加滿意。

但在詐騙情境裡中，這樣的錯覺可能會讓你陷入危險，因為覺得對方是好的、善良的，所以可能更難覺察謊言。此外，當你覺得自己和對方比別人聰明、幸運，也就更容易相信自己真的遇到絕佳的投資機會，而不是一個精心設計的騙局。

## 從吸引到承諾

雖然詐騙者通常會運用一些外在特質或吸引力來接近你，與你建立初步的關係，但詐騙者並不會只停留在這個階段，而是會試著把關係快速推進到彼此承諾的階段。

這種承諾之所以重要，是因為認定彼此的關係與角色（如：老公與老婆）後，我們會出現較多的責任感，不會輕易放棄這段感情。有些人難以理解，這些被騙的人怎麼會因為另一個人的帥氣、美貌，就將自己的身家全交給對方？沒錯，這種狀況不太容易發生，但這些人並不只是因為受對方吸引，更重要的是，他們將對方視為自己人生中重要的另一半，而「相信對方」不過就是在維繫感情、共創未來的過程裡，自然的反應。

想像一下，今天如果是你的穩定伴侶，跟你說有個絕佳的投資機會，你考慮的重點，大概不會放在對方是否欺騙自己，而是投資的可能風險和獲利。

另外值得一提的是，雖然本案例是單次大筆金錢的詐騙，但有些人被詐騙的過程是多次、一次一些的（例如某些詐騙者會謊稱自己的親人生病住院，多次向對方詐取醫療費用）。研究發現，在付出的過程中，其實會增進我們對關係的承諾。這有點像是愛情中的沉沒成本（已經付出且拿不回的成本），因為我們投資於愛情中的事物在分手時是無法取回的（即使可拿得回金錢、物品，但我們還是拿不回付出的時間、青春、或因為這段感情而放棄的其他機會），所以當我們投資得越多時，我們就越捨不得放手——你的付出，會讓你對這段感情有更大的承諾，並且更可能願意繼續付出下去。

## 在愛情裡我們都在意「公平」

前面的段落曾經說過，親密關係像是一種社會交易。在這個交易中，如果兩個人收穫與付出的比值是差不多時，我們對關係會比較滿意，也就是說，兩個人付出的程度不一定要完全一模一樣，但如果某一方有較多的付出，他也會得到較多的收穫，這樣的關係便仍會維持平衡、穩定。

雖然我們很容易想像，付出多而收穫少的人很可能會對關係感到不滿，但是，對於付出少而收穫多的人，他們也不一定感到快樂，他們很可能會出現深切的罪惡與自責感。

在本章的案例中，詐騙者就試圖強調自己的付出——不僅是他跟朋友借錢擔保的部分，還包括了他的信任、他對未來的規劃、他一路以來的關心等等，讓對方感覺到自己是那個沒什麼付出卻得到很多的人，藉此驅使對方藉由多付出一些金錢來減低自身的罪惡感。

## 愛情詐騙的本質仍是「愛情」

有些人可能會覺得，他們完全沒有見過面，怎麼能陷得這麼深？確實，在過去最能夠預測兩個人會不會在一起的因素是兩人有多親近，但這種親近，在網路時代，已經不是物理距離的親近。頻繁的社交軟體互動，可能比實際生活中的點頭之交讓人感覺「更親近」，他們只是「還沒有」見過面罷了。事實上，我們周遭的確有因為網路交友而建立起穩定伴侶關係的人，不是嗎？

雖然可能用外觀的吸引力來進行第一步接觸，但這類愛情詐騙的核心，其實是我們對歸屬感的需求、我們對感情的付出與承諾，詐騙者一邊用罪惡感來驅使你，一邊用美好的未來吸引你，加上我們腦袋的粉紅色濾鏡，便可能陷入騙局而不自知。如果你願意，可以來想像一下，若自己的另一半跟你說這些詐騙集團的用語，這時你可能會發現那些話聽起來便沒有那麼荒唐——因為我們腦中考慮的不是詐騙的可能，而是愛情的可能。

## 2-4 鴻源吸金案

鴻源吸金案，是台灣經濟史上最大規模的龐式騙局，又或稱為老鼠會。時間回到一九八一年，鴻源投資機構成立，藉由提供誘人的高利率（月息4%）與老鼠會形式吸收民間游資。當時台灣的合法投資產品不多，鴻源機構很快就成為社會大眾眼中的「金雞母」，投資人以退伍軍人與公教人員居多。鴻源非法吸集民間游資[19]近新台幣一千億元，最終在一九九〇年倒閉，留下債權人十六萬人與負債九百餘億元的殘局。

看著上面的描述，你的腦中可能自然浮現了「這些人就是笨！就是貪！一個月什麼都不做就能領4%的利息，一年就賺回一半？這用腦子想過就知道不可能嘛！」不過，當時能有十幾萬人被騙、被吸金近千億，其中亦不乏高知識分子，這大概就不是個人智識上的不足或性格上的缺陷，而是反映出更普遍的心理運作模式。

也就是說，不是因為他們有什麼不足，而是就是因為他們是一般人，所以才會受騙。以下就讓我們從心理學的角度，看看一個人從半信半疑到陷入騙局過程中可能經歷的心理歷程。

**階段一：初步接觸**

你的好友很興奮地告訴你，他最近接觸了一個不賴的投資機會，才幾個月就賺了40%的錢。你可能有點心動但又半信半疑，或者僅是不好意思潑他冷水，所以決定先聽聽看他怎麼說。

他告訴你他們鴻源機構的沈董是將小額資金集結之後拿去做多元化的投資，買下了各個領域的龍頭企業，也投資了許多國外的股市，再將獲益回饋到投資人身上，一個月最少都能有4%的獲利！

你覺得這個投資機會好到有點不太真實，決定先觀望一陣子，回家做了一些功課，才發現原來有這麼多和鴻源相關的新聞，每篇新聞都說著鴻源買下的哪間公司業績又創新高了，甚至在你下班回家的路上，也聽到鄰居談話的關鍵

19 泛指一般大眾的資金。

字「鴻源」，好像全世界除了你之外的人都投資了鴻源。

你按耐了一個多月，發現竟然有投資鴻源的一位同事換了新車！你算了一下，如果當初得知這個消息就投資的話，你到今天已經賺一萬多元了，你都考慮這麼久，也該出手了吧！你迫不及待地在中午休息時間打電話給你的朋友「欸，你上次說的那個投資機會啊……」。

讓我們先誠實地承認吧，若現在真有一個百分之百零風險、月賺4％以上的投資機會，大部分的人應該都會領出戶頭的錢加入梭哈[20]了吧！

當你想進一步了解時，卻發現它的內容綜合國內外眾多產業的投資，讓你眼花撩亂、目不暇給，當資訊龐大到幾乎不可能用客觀資料去計算時，常常就是讓我們容易受到直覺與情緒引導的時候，開始出現過度的樂觀偏誤（optimism bias）。

樂觀偏誤，指的是一個人對自己未來的預期比實際上的結果更加正向。比如，我們認為自己能夠一畢業就取得比平均水準更高的薪水、估計接下來一週會發生較多的好事（而不是壞事或不好不壞的事）、知道有很多人離婚但那不會是我、相信我生出的孩子會比其他孩子更加優秀……等。

這樣的樂觀偏誤，幾乎可以說是一種人類通病——高達百分之八十的人會出現樂觀偏誤，不論性別、種族、國籍、年紀，幾乎都逃不掉這種偏誤。但樂觀偏誤對生活來說相當重要，能夠讓你覺得世界更有希望，或者在某件事成功機率很低的狀況下，仍然堅持下去（說不定就因為你的堅持而成功了！）但當牽涉到投資時，樂觀偏誤可能就不是個好東西！

你可能會質疑，要付出這麼大一筆錢，這些人難道都只憑感覺，而不去思考、確認嗎？

但人類的大腦，會讓你特別容易去注意、甚至是搜尋那些支持你想法的訊息，而忽略或遺忘和你想法不一致的資訊。因此，我們很難去扭轉原先的預測，當我們以為我們在思考或「做功課」時，我們的腦袋其實只是在找證據來更堅定自己的立場，這就是在ATM詐騙及愛情詐騙等章節中曾提及的「驗證偏誤」（confirmation bias）。

而在反覆接觸這些訊息的過程中，我們也會逐漸增加對它的熟悉感，提升對這個訊息的感知流暢度（perceptual fluency / processing fluency），而認為這個訊息是合理、正確的。光是單純的重複接觸一項人事物，就足以讓人對其產生好感，這就

20 一種撲克牌遊戲術語，有把賭注全押上的意思。

是心理學上所說的「曝光效應」（mere exposure effect）。

再來，人是活在社群中的動物，做判斷時，我們經常會受到別人的影響，有時刻意、有時無心地參考別人的決定，覺得很多人選擇的就是好的或正確的。某方面來說，這是一種省時省力、也大多有效的策略——很多人排隊的店，即使東西不是最好吃，通常也不至於難吃到哪裡去吧。尤其當做出決定的是你所認同的群體，比如說和你住在同個社區的人、和你同職業的人，或者是你所仰慕、有著正面印象的群體，會特別容易受到他們影響，而感覺這樣東西好像真的不錯（這也是許多商品會找明星代言的原因）。

甚至很多時候，我們真的已經非常謹慎小心。只是，人太容易受到初始資訊或印象的影響。一開始獲得的資訊就像一個被拋出的船錨，不管接下來的資訊風浪有多大，想法之船都無法飄得太遠。這是心理學家所說的「定錨效果」（anchor effect），以及就算嘗試調整卻又經常調整不足（insufficient adjustment）的現象。

即使你清楚知道一開始獲得的資訊是較為誇大的，甚至你打從一開始就決定不要相信這個數字，但這種定錨效果常常仍比想像中更大。

Tversky 和 Kahneman[21] 曾做過一個實驗，要求受試者去做出各種百分比估計（例如猜測聯合國會員國中非洲國家的比例）。進行估計前，他們會在受試者面前轉動一個轉盤，轉出一個位於0～100之間的隨機數字給受試者。然後詢問他的答案是高於或低於此數字，接著再詢問受試者確切估算的百分比數字。即使在知道初始數字沒有任何意義的狀況下，實驗結果顯示這些受試者的答案仍明顯受到初始數字的影響。當轉出的數字較高時，受試者最終估計出的數字也較高，反之亦然。受試者的確會調整初始數字，但調整的幅度不夠多。

回到鴻源案的例子，曾聽說投資後一年可賺48%以上的人，可能會想著「一年應該不可能賺到這麼多吧！？我想頂多就30到35%吧！」，這樣的數字估算過程，會讓人覺得是經過自己的判斷而做出的決定，但以上實驗經驗來判斷，這可能便是受到初始數字的影響。若你從未聽過48%這數字，你可能會判斷一年僅能賺個20%。

當猶豫的時候，發現身邊的人開始賺錢了，你知道很多人都是一窩蜂的跟風，但你覺得自己不一樣，自己是做足功課後，才判斷這是一個可行的投資機會。你真的很認真地思考了，只是人的認知偏誤誤導了你。

21 Tversky, A., & Kahneman, D. (1974). Judgment under uncertainty: Heuristics and biases. *Science, 185* (4157), 1124-1131.

**階段二：聽聞負面消息仍持續投入**

加入了鴻源後，你每個月都多了一筆零用錢。有人說立法院修正《銀行法》，對鴻源是個危機，你一開始也有點不安，但想想雖然最近一堆人擠兌[22]，鴻源還是屹立不搖，你相信真金不怕火煉，其他體質不佳的公司倒光後，鴻源反而能有更好的績效。

即使別人總嫌它款式過時，你仍然覺得自己的手錶算經典款，但為什麼在網路上開價怎樣都乏人問津？你的車舊是舊了點，但還蠻好開的，可是怎麼放到二手市場上，殺價的人一個比一個狠？這種對自己擁有的東西，容易高估其價值的傾向在心理學中叫做「稟賦效應」（endowment effect）。

在理想的狀態中，我們買賣物品時會去估計這樣東西的價值。我們願意花多少錢買一樣東西，和願意以多少錢賣掉這樣東西，應該要是差不多的。但因為「稟賦效應」，我們更傾向高估自己擁有物的價值。這種效應並不僅僅是因為念舊，從過去的實驗中我們發現，即使實驗對象才剛得到物品，就會產生稟賦效應。不願意把它換成現金、也比較不願意換成別的物品。

為什麼會有稟賦效應的出現呢？不同學者也有不同的看法。有的學者認為這和人迴避損失（loss aversion）的傾向有關，你不一定喜歡這樣東西，你只是很討厭失去它的感覺。

而也有學者認為，你是買家或賣家，這會影響到思考的框架（frame），而讓人去搜尋、注意、記得，以及重視不同的資訊。相對買家，賣家較容易記得及考慮擁有這個東西的好處。買家則更容易去比較「這個東西」和「金錢或其他東西」哪個更好，也更容易去注意和在意其缺點。所以相對賣家覺得「這輛車舊是舊了點，但還是蠻好開的」，買家可能更容易覺得「這車還算好開，但實在是太舊了」。

回到鴻源案上，當投資了鴻源機構後，等同買到、擁有一筆資產。因此在考慮是否將它賣出結清時，你可能感覺失去了每月收入（雖然那其實是你一開始投入的金錢）而感到難受，或者在思考過程中，又想起擁有它的好處。

同時，投資過程中，你也可能不斷接觸到更多內部的正面說法，因此想起它的好處不會太難；更不用說每個月刷存摺簿子時，看到數字增加的愉悅感還縈繞於心呢！這都讓你高估投資鴻源的價值，也讓你對鴻源更有信心而持續投入。

22 指銀行或金融機構被大批的存款客戶要求提領回自有的儲金。這通常發生在銀行的營運上有重大負面傳聞時，倘若情勢未得到減緩，銀行有可能因此宣告倒閉與信用破產。

知道了什麼是稟賦效應後，我們也可以稍微倒轉一下看看，也許稟賦效應在你真正進行投資之前就開始了！

過去的研究發現，有的時候你不需要真的擁有一樣東西，只要讓你先摸一摸、想像一下自己擁有它，這種心理上的「擁有」，就會讓人出現稟賦效應。所以，如果在得知鴻源機構後，已經開始「想像」自己擁有這項資產（如果我投資了，到今天已經賺了一萬多元了！）你可能就會更難放棄它。

這項技巧也被廣泛用於行銷手腕上，有些家具家飾店會特別用心營造體驗環境，讓你實際摸一摸沙發質地、試坐看看，或在旁邊擺放家中可能也有的家具，讓你很容易想像這張沙發擺放在家中的畫面。甚至會主打退貨服務，鼓勵你先買下來，不喜歡再拿來退，這都是希望你在心理上感覺自己已經擁有，而更不願意放手。

總而言之，如果你在投資前，已經知道一些鴻源機構的負面消息，你有可能就此逃過一劫，但如果你在實際投資後才知曉，稟賦效應很可能會讓你脫不了身。

此外，我們也需要考量，雖然當時風雨飄搖，但是鴻源機構也的確撐過了好幾次的擠兌風暴。有的時候，我們持有的想法，若經過一些小挑戰後仍存活下來，反而會讓我們對它更加堅定、更有信心（還記得前面說的驗證偏誤嗎？）。

**階段三：越陷越深**

你想起那天，你去參加鴻源的「團結大會」。看著國旗升起，和大家一起唱著國歌、軍歌，聽著台上的人說著因鴻源而改變人生的故事，你不禁熱淚盈眶。最重要的是，你終於目睹到「沈董」的真面目，他說鴻源是抱著服務社會的心，來替投資大眾爭取最大的利潤，你覺得他真的是人家所說的「神董」。在大會中你也和一群朋友一起交流了對鴻源的看法，你發現大家的想法都很一致。你感覺鴻源不僅是你的投資，也讓你變得更正向積極，你決定回去告訴更多朋友鴻源是怎麼幫助你的。你覺得自己又做了些好事。

這樣的「團結大會」，有些人可能會覺得熟悉，在一些直銷活動、某些新興宗教、甚至是政治造勢的場合中都很容易看到。雖然不一定是心懷惡意或刻意操弄大家情緒，但在這樣的情境之下是較容易讓人失去理智判斷的。

人的認知資源（亦即處理資訊的腦力）有限，這種「集體」的氛圍，以及當下強烈的聲光效果刺激，很容易攫取人的注意力，這時能夠分給自己、分給訊息處理的認知資源便不足夠。在這種時刻，你很容易未多加思考便全盤接受所獲得的訊息，尤其如果當下傳達的訊息是相當簡單、耳熟能詳的，因為你不需要花費額外的認知資源去注意、思考，這個訊息便相當容易地進入你的腦中（可再回顧愛心筆章節中提到的「感知流暢度」、「韻律當理由效應」等概念）。

你可以想像，這時你的注意力都投注於當下，那些對於未來的擔憂、過去的挫折等等，在這一刻似乎全都拋開。如果這時候又聽到很有認同感、或能連結到正向感受的歌曲（在鴻源機構的團結大會，許多投資者都是軍公教人員，所以他們使用國歌和軍歌），你會更容易被激起強烈且正向的情緒反應，甚至失去「自我感」，好像自己和周遭的人是一個整體，你們是一個不分彼此的團體。

這種集體氛圍營造出的高凝聚力，常常會讓判斷更加失準，就像本章前面曾提過的，人在做決定或判斷時經常會受到社群的影響——尤其面對的是你所認同的群體。心理學的研究也發現，在一個團體中，光是同一個論點反覆被提出（不需要有新的論點），大家的相信程度就會提高。更何況你這時候已經沒有足夠的認知資源去思考了！

另外，對於我們認同的團體，有時候，為了獲得其他團體成員的接受和喜愛我們也會有意無意地表現得和團體中的其他人相似。而當你認同自己屬於某個群體時，你也會更容易用你認為的群體典型形象去行動；也就是說，當你把自己標定為「鴻源人」時，因為你心中的「鴻源人」形象就是「對鴻源有信心、挺神董」，你也就更容易出現「我是鴻源人，所以我對鴻源有信心、我挺神董」的行動。

因此，雖然你在這個團體中也嘗試和人討論、交流了，但是做出的決定和判斷可能卻是「三個諸葛亮，輸給一個臭皮匠」。所以，在團體具有高度凝聚力、成員的背景和價值觀很相似、沒有更好的方案（在這邊可能是更適合的投資標的）、團體風氣鼓勵和諧與團結（例如舉辦團結大會）、以及隔絕外界資訊，這些狀態下，很容易導致「團體迷思」（group think）現象出現。

社會心理學家提出的「團體迷思」指的是，團體在決策過程中，成員會傾向讓自己的觀點與團體一致，因而導致整個團體無法從不同角度思考問題，就更難進行所謂的「客觀」分析。在這種團體迷思中，若有人提出一些值得爭議的觀點、創意的想法、客觀的意見時，還會遭到其他團體成員忽視，甚至懲罰、謾罵，進而讓團體更可能做出不合理、甚至是超出理智的決定。

有些人事後想想，也不明白自己當初對鴻源怎麼會有這麼大的信心與認同。這可能是因為，有的時候，人在解讀自己的情緒會出錯，如果對自己的特質不夠了解或對這樣的情境較缺乏經驗，你可能會錯誤地將自己當下激動的情緒反應，歸因於對鴻源或當中人事物的感情——你以為自己被鴻源打動了，其實你不過是被大家一起唱國歌的情景給打動。

覺得這種情緒被煽動的現象很難以理解嗎？想像一下你上一次去聽演唱會的感覺吧！在充滿聲光效果的地方和一群人一起聽演唱會，和在家裡自己聽音樂是很不一樣的……這種感覺可能離我們沒有那麼遙遠。

**階段四：執迷不悔**

外界質疑鴻源的聲音越來越多，有幾個朋友也顯得有些不安，你斥責他們「我們要對沈董有信心！」你心想「我拿的利息少一點沒關係，鴻源會度過這次難關，之後一定能重返榮耀！」你甚至想著，是不是要再更積極地多找幾個親友來投資……

心理學研究發現，人喜歡「一致性」，因此當一個人出現一些互相衝突的想法、信念、或價值觀等，他會產生一種不舒服的內在緊張感，也就是「認知失調」（cognitive dissonance）的狀態，為了處理這種認知失調，他會嘗試改變他的想法或態度，好讓內在的緊張不適感消失。

在鴻源案中，某些人也許在過程中逐漸感覺到有些不對勁，而這種隱約覺察到「我可能會賠錢」、「我可能會害我介紹來的朋友破產」的想法，和他「我是判斷力良好的」、「我是個好人」的正向自我概念有所衝突，但又木已成舟，頭已經洗了一半，無法扭轉當初的決定，這種狀態下他可能反而會轉變先前的想法為「這個投資不可能會賠錢」，以減輕其認知失調程度。

若從精神分析的角度來看，這種想法的轉變，有時候是一種「心理防衛機轉」（defense mechanism），避免我們潛意識中的焦慮浮現到意識上。在一些人身上，甚至會做出完全反向的行為（reaction formation），例如介紹更多人、投入更多錢，以處理這些潛在的焦慮。

的確，有些介紹親友來投資的人不一定抱持著「吃好道相報」的心態，很多時候也希望可以從中賺取佣金，但這只能算小貪，不一定存有害人之心、或認為朋友破產也沒關係。在局勢越來越難控制時，這種強大的焦慮感和不一致感，可能會讓他們在潛意識中運用這些心理防衛機轉來自我保護。

有時候，在看這些受騙的故事時，我們會出現「基本歸因謬誤」（fundamental attribution error），也就是傾向把事件發生的原因歸咎於個人因素（如：一定是他太蠢、個性太軟弱、自己心術不正等），而忽略外在的情境因素。

這某方面也可能起因於我們希望維持心中的「公正世界假說」（just-world hypothesis），也就是期待、假設這個世界是公平的，而讓我們認為受害者一定是自己有些不對的地方才會發生這些事。

然而，如果我們總是抱持著「我才沒這麼蠢」、「我才沒這麼沒良心」的觀點來看待，認為「壞事只會發生在壞人身上」，那當我們真的身陷其中時，認知失調可能會越強烈，而讓自己更難從中脫身。

事實上，每個人都可能身陷詐騙之中——連心理師也不例外！

接下來，我們將完整呈現一個類詐騙受害者的日記。透過詳細、縝密的心路歷程紀錄，讀者將有機會一窺受騙者內心的常見狀態。

除了呈現日記之外，我們也會在日記內容的旁邊，試著與讀者對話，介紹並同步呈現出詐騙者目前可能正在使用的心理學技巧，或受騙者可能受到哪些心理機制的影響。讀者可以一邊閱讀一邊參閱，或者也可以閱讀完完整日記之後，再回過頭來一一了解。

Chapter 03

# 心理師受騙日記

這一整個禮拜，我歇斯底里、猶如中邪般，
沒天沒夜地搜尋及觀看網路上的受騙經驗分享。
每個字、每句話都像一把把利刃，插進我的心窩，
轉一轉，再拔出來……

「希望我的忠實紀錄能夠幫助到更多人、免於受騙，並仍相信人性本善。」——來自受訪的心理師

2016 11/5

陽光煦煦灑落，我隨意在騎樓間漫步，享受著悠閒。突然一位年輕小姐出現，阻攔我的去路，也激盪了我的人生。

小姐熱情地邀請我幫忙填寫簡單的問卷，並且再三保證「真的～不用五分鐘就可以完成。」在對方誠懇拜託之下，我也不趕時間，便答應了。

**熱情小姐露出燦爛的笑容：「謝謝！我帶你上樓去寫。」我雖然覺得奇怪，但想說既然答應了就趕快寫一寫離開便是。**

上到二樓，一邊寫問卷，對面坐著的另一位熟女便開始與我有一搭沒一搭地聊了起來。

「誒～你今天怎麼會來這邊，不用上班嗎？」

「嗯。今天休假。」我一邊回應一邊寫問卷。

「你該不會是學生吧？」

「不是啦，哈哈～」我心中一陣暗爽。

**低飛球法：**先讓對方同意一個小要求，然後再呈現出附帶的要求或隱含的代價。如果一開始對方就告知受害者要到樓上填問卷，受害者也許會直接拒絕。但一開始先隱藏這點，在受害者答應後再呈現，使受害者會因為自己才剛答應，而認為自己有責任要完成承諾，進而配合後續的要求。

**正向情緒的誘餌效應：**在正向情緒的引導下，我們的思考與決策會受到影響，使我們更加容易出現決策偏誤，進行不理性的消費。

「你是在做什麼的？」

「醫療相關的。」我推了推眼鏡。

**一邊聊天熟女還順勢邊講了幾句好聽的話、稱讚我一番。**

「你的聲音很深厚、很好聽耶」熟女略帶嬌氣說。

「……喔……謝謝」我尷尬地回應。

填完問卷後，熟女突然開始評論我的膚質：「你的皮膚偏油，是不是夏天時很常長痘痘？」

正當我要張口回應時，熟女接著說：「**好吧～看在你好心幫忙寫問卷，這次讓你免費體驗一下我們的產品！**」

十秒後，我已經被半推半就地推倒，躺在軟綿綿的床上。嗯，冷氣很涼爽。一面被年輕女孩塗著保養品，一面聽熟女在一旁說明產品的各種優點。

**臉上一陣冰涼後，熟女拿著鏡子詢問我：「你看，你的右臉是不是感覺淨白透亮？」年輕女孩一邊附和說：「對啊！真的差好多喔！感覺都變年輕了！」**

如果從一開始在路上就邀請你免費體驗，你很可能會直接拒絕。但透過讓你有些小小的時間付出，再用「回饋」的說法邀請你體驗，我們可能會感覺到這是應得的，甚至認為沒有體驗到就虧了。

我們在做判斷時，很容易受到別人的影響，即使這種判斷是知覺層面的判斷，不一定是事實亦然。當好幾個人說著你的右臉變得淨亮透白，你也更可能看到，自己的右臉確實變白了！

我看著鏡子中的自己，感覺確實右邊臉是白了一些：「對耶，真的感覺變白了！」

熟女聽了立刻拿出計算機，一邊按一邊說：「依你的膚質來看，我專業判斷大概一年的療程就行了，每週來一次，之後你只要做平常的日常保養就可以保持現在的淨白～透亮！」

蛤？！現在是什麼情形？！我心想。

「這樣的療程原本要五萬元，因為我們最近有促銷活動，加上你好心幫忙，算你三萬就好！這個療程會有二十幾瓶的保養品，非常划算，這次沒有好好把握，活動過了機會就沒囉！」

熟女也沒管我露出一臉困惑嘴巴張大的蠢樣，直接就出了一道數學題。

我也沒在怕，立刻開始在心中盤算……一年，大概五十週，每週一次，30,000÷50＝600元／次，雖然我是滿想改善膚質的，但……我皺了皺眉頭。

熟女見狀立刻拿出一本相冊「**你看這照片，這些人都是你的同行**，你看，他們的膚質後來恢復得很好，療程結束後，我們也

如同前面所說的，在做判斷或決定時，我們經常受到別人的影響。尤其當做出決定的是你所認同的群體，例如和你同職業、同社區的人，你會更容易受到他們影響。所以，即使「有很多的同行都參加了這個療程」完全沒有客觀上的意義（除非你的同行是皮膚科醫師？），但我們還是容易覺得：這麼多人用，應該沒有問題吧！

不會再要他繼續下去，我們是真的為了顧客好。」

嗯……不但有療效佐證，聽起來也是個良心機構……我邊聽邊點頭、眉頭鬆開些許。

熟女緊接著說：「用一年時間跟三萬元就可以讓你的膚質產生根本的改變，這樣以後會比較容易交到女友喔！是吧？」

「嗯嗯，是啦！」我敷衍著。

「你身為醫療人員也知道，**相比醫療美容動輒十幾萬**，不覺得真的很划算嘛？」熟女說。

「嗯……確實……」身為醫療人員，我當然知道醫療美容不便宜。

「而且如果你刷信用卡，我們可以分期付款，分十二期每月也只要付兩千五元，為了更好的人生，一個月兩千五你應該負擔得起吧？」熟女繼續發動攻勢。

一個月兩千五，幸福過一生？好像可以試試。我坐在床邊點點頭，把信用卡給熟女、也沒分期直接刷了三萬元，臨走前還買

當她提出了醫美價格的同時，就讓「定錨效應」產生，我們開始受到這個數字的影響。即使我們清楚知道保養療程的價錢原本合理來說便應該比醫美低，但在調整內心的價格判斷時，還是會受到這個數字的影響，「嗯……要為皮膚要花十幾萬太貴了，我頂多只能花個幾萬吧……」。

了一罐三百元的洗面乳。我開始想像我那透亮的臉，以及未來的美貌女友，滿懷期待地走出店門。

我期待「從此以後，我過著幸福又快樂的生活。」

2016 12/13

「一定要……一週一次嗎？」我閉眼躺在床上小聲地問，像怕問錯問題的孩子。

「帥勾～如果你齁，想要改善膚質的話，一週！一次！一定！」店長大姐負責我的療程，她很堅持一週進行一次，我彷彿看見她雙手插腰的霸氣模樣。

「我們是很認真的，希望能夠真的改善你的膚質，但也要你一起努力！」說完，店長大姐繼續輕輕柔柔地按摩著我即將發亮的臉蛋兒。

我突然有點感動，心想好幸運遇到這麼認真的好店家。

「啊，最近生意好嗎？」大姐話鋒一轉探問。

「還算……不錯吧！算是有穩定的客源了。」為了顧及心裡的面子，我撒了小謊。

「哎呀！**之後臉部清潔修護完成了，客人一定會越來越多的！**做生意嘛，門面是最基本的，如果皮膚坑坑疤疤，會把客人嚇跑啦！」大姐在我額上畫著圈，最後還輕輕拍了一下。

沁涼的乳狀物如絲綢般，滑落在我的臉上、眉上、額上，然後覆蓋一面輕柔。伴著徐徐微風，我彷彿輕飄上雲端，枕著雲彩，緩緩地、柔柔地，**浸入舒適的夢鄉**。

「起……床……囉！」大姐輕聲呼喚，拿下面膜。

英俊的我，誕生。

英俊如我，帥氣翻下床，**踏著自信的步伐**走出那令我重生的小空間。

「哎呦~好久不見！皮膚變好很多耶！痘痘也幾乎沒了！」第一次見面的熟女出現在櫃檯，被我的英氣所震懾。

這位大姊試圖將臉部的保養與受害者的工作進行連結，讓他感覺到，自己不僅是為了提升外貌而已，更是為了自己的工作在努力。

如同前面所提及的，在正向情緒的誘導下，我們更容易出現決策偏誤。這邊要提醒大家的是，正向情緒不一定是被話語給誘發，有時候透過身體的感官經驗，亦能讓我們感受到愉悅、舒適，而進入一種更容易做出錯誤決策的狀態。

「怎麼樣？我們這位招牌店長大姐厲害吧！我們的療程不錯吧！才來幾次，就讓你膚質變這~麼好！」熟女真誠稱讚，我也露出陽光的笑容回應。

「啊，帥哥~來！這邊坐。姊姊看你這麼有潛力，想要介紹你好康的！」熟女招招手，帥哥我趕快入座。

「不瞞你說，因為我看你的皮膚出油量應該滿大的，對吧？」熟女略微停頓，我點頭如美男。

「是吧！以我的經驗，療程結束後，油性膚質通常二到三個月還是得回來一次做深層調養，但是有時一忙真沒時間，總覺得有點麻煩，是吧？」熟女像是看著我內心深處的懶蟲問到。

「嗯！」帥懶蟲回應。

「剛好我們最近新出了一款產品：釜底抽薪氨基酸，簡稱氨瓶。」熟女魔術師般地變出一張精美圖示。

「這是結合**最近的美容科技**，**將分子做得極微小**，能夠進入最深層的皮膚細胞中進行根本的修護和調養。只要在接下來的療

透過「科技」、「胺基酸」、「皮膚細胞」等用語，這位熟女試圖營造出一種科學與權威感，讓人較容易產生信任。

當我們處在過度自信的狀態中，我們對於自己的判斷會更有信心。這代表著，我們可能更認同自己先前所做的決定（我花錢買療程果然是對的！），也可能會覺得自己不可能做出錯誤判斷，而輕率地做出重大的決定。

延續前面曾提及的「過度自信」狀態，我們可以看到這位受害者覺得自己比別人更了解、更懂得提出質疑，但這種自信並沒有讓他變得更加小心，反而使他對於自己直覺的判斷更有信心，對於自己的質疑是否能真的得到解答反而不那麼再意了。

程中，敷面膜時滴上幾滴，就能夠根本改變你的油性膚質，讓你更輕鬆省力地維持好臉蛋！」熟女優雅地拿出六罐裝滿金色液體的小瓶子。

**「這有經過實驗證實嗎？」我露出疑惑地壞笑、四十五度角看著熟女質問。**

「當然啊！齁～帥哥～沒經過實驗證明怎麼敢拿給你們用！你也知道我們是很認真在幫客人調理膚質的～」熟女邊說，邊輕拍我硬挺的臂膀。

身為一位碩士，我不禁想要詢問是否有實驗的支持論文。但是，看在過去幾次大姐認真與細心的服務態度，我想或許可以相信一次、嘗試看看。

「對啊！我覺得你試了會很有效、很有感覺。」店長大姐在旁幫腔。

「那……價錢多少？」我開門見山地問。

「這樣子六瓶，可以用一年半，六萬！」熟女斬釘截鐵。

我鼻孔撐大，倒吸了一口涼氣。「這麼貴喔！」

「新科技又有效才敢收你這樣的費用嘛！我們這個產品可是不打折的。不過，倒是可以讓你分期付款，六萬分十二期，一期只要五千元，減輕你的負擔，**我想你應該負擔得起～**」我的鼻孔回復它原本帥氣的大小。

「而且你想想，一生花這一次，以後再也不用花時間上美容院做臉，回家也不用敷臉啊保養啊，多好～～～講這麼多都沒用，試一次你就知道啦！！」熟女又一箭穿心、命中我的懶。

好吧！就試試看，反正才六萬！如果真能六萬護一生，滿值得的！

然後，熟悉的流程再現，猶如時光倒流——拿出皮夾，抽卡，刷卡，簽名，微笑。

~~有夢相隨，希望無限。~~

> 「我想你應該負擔得起」這句話的巧妙之處，在於他將決策的重點從「我有沒有需要、這項東西是否值得這個價錢？」轉向為「我付不付得起」。此外，這句話語也隱含了「你不買的話是因為你買不起！」的概念，當我們在一個自尊膨脹的狀態下，我們很容易就覺得「我當然買得起！」。

2017
4/3

我躺在臉部保養的床上，呼吸急促、腹部攪成一團，左臉剛塗上去的化妝品陣陣冰涼，但仍澆不息我心中的火熱。我握緊雙拳，腦袋飛快運轉，看著店長大姐的行為舉止，想搞清楚現在到底發生了什麼事……

人性本善還是本惡我是不清楚，但我知道「人性本懶」，至少我是如此。不過自從上次受到店家誠心及認真態度的感召，我排除萬難，每週一次找店長大姐報到，修護膚質。

但是！BUT！不曉得是不是熱戀期已過，店長大姐越來越難約，原本說好的「一週！一次！一定！」霸氣插腰堅持，現在變成……

「哎呀！帥勾~我最近客人好多、有點忙，不然延一週、到下下週吧。」

「新年前你一定很忙吧！那我們約兩週後？呵。」

「搜哩啦~我下週要出差，只能約再下一週了。」

我開始懷疑大姐是不是已經看膩我帥氣的臉龐。

但是！BUT！更讓我不安的是，原本細心呵護、行雲流水、絲絲入扣、無微不至、令我沉入美夢的精妙手法也愈來愈粗糙。上保養品時不但像在趕工般咻咻咻塗水泥，水泥還經常流到嘴角裡；臉部按摩則猶如被絲襪套頭、扯來扯去，有時候甚至讓我不禁想起自己在搓洗髒抹布的手感。

「大姐！不好意思，那個……流進嘴角了……」我實在有點受不了。

「啊哈哈哈！搜哩啦！吃點保養品說不定效果更好！」大姐哈哈呵呵，我則努力不翻白眼。

然後，「啪！」的一聲，面膜丟上臉，我終於可以安息了。

但是！BUT！今天卻不是這樣，大姐塗水泥塗到一半，突然發出一聲嬌嗔「哎呀～沒了！」

「帥勾，有幾罐保養品用完了，我再幫你開新的好嗎？」大姐

這位大姊嘗試用保養中斷以及急促語氣產生的時間壓力，促使受害者快速做出（不明智的）決定。

**略微急促地問**。

「沒了？！什麼意思？」我納悶。

「就是你之前買的某些關鍵的保養品沒了，所以要補充新的，那我幫你打開囉？」大姐再次詢問，感覺已經蓄勢待發要瞬間發功打開一打保養品。

「等一下，等一下，補充新的應該不用錢吧？」我很納悶。

「我幫你算算，需要補充四瓶，現在活動期間過了，所以比較貴，原價三萬元，**不過我是店長，可以算你兩萬四！**」大姐背稿般地說出台詞。

「不對啊！不是說可以用一年！？？」我非常納悶，有點火。

「謀啦～誰和你說可以用一年？你自己算一算也知道這才幾瓶怎麼可能用一年？」大姐開始強勢起來。

「就是之前那個……那個妝濃到不行、頭髮長長的、之前要我買什麼氨瓶的那個熟女啊？」火已經燒到我的理智線和我的嘴。

「你說主任喔！沒有啦～帥勾～應該是你沒聽清楚，我們是療

大姊在這邊嘗試使用「不僅如此法」來進行推銷。「不僅如此法」指的是，一開始先提出一個特定的價錢，然後立刻再加上折扣或贈品來讓它看起來更划算。雖然你可能覺得這個方法看起來太不精巧了，應該沒什麼效果吧，但從過去心理學實驗發現，比起從一開始就露出底牌，這種方式確實可以提高購買率。

程一年，但是保養品沒有到一年啊！」大姐義正辭嚴地說。

「是嗎？我記性可是很好的，那個什麼可惡的熟女主任，根本就沒說還要補充保養品！！」我握緊拳頭，開始想像一拳打碎熟女主任的濃妝面具。

「如果你現在不補充，我也沒有材料繼續做下去。帥勾～這樣下去只是浪費你的時間，你做生意的也知道時間寶貴。」大姐毫不退讓。

我握緊雙拳，腦袋飛快運轉，看著店長大姐的行為舉止，想搞清楚現在到底發生了什麼事……

當初濃妝熟女主任沒有在收據或任何紙張上寫「一年」，只有寫保養品共幾罐、金額多少，我還真的拿不出證據。

「我被騙了！！！！」我在心裡大喊。

「你決定好要補充了嗎？」大姐問。

「這就是詐騙吧！幹幹幹幹！」我心裡的吶喊沒有停下。

「想好了嗎？已經過了二十分鐘了！」大姐略顯不耐。

「**啊啊啊啊啊！！！！！**」我快瘋了，卻叫不出來。

「帥勾~你趕快決定啦，不買真的不行啦！你想想，我先出去一下！」大姐快步離去。

叩！叩！叩！叩！一位俏麗短髮的女子，踩著高根鞋走進來，加入已經僵持半小時的戰局。

「您好，我是副主任，店長說您一直無法下決定，所以請我來看看有沒有什麼可以幫上忙的地方。您覺得兩萬四太貴了嗎？」她溫和堅定地說。

「不是，是之前我們說好持續一年的，但現在卻又要我付錢補充保養品，哪有這樣的！！就是你們那位什麼主任啦！」我火到都要燒~燒~燒起來！

「我有聽店長說了，可能是主任她沒有說明清楚，讓您誤會。不過，因為今天已經進行到一半，如果不做完，恐怕會傷害您的膚質，所以店長才會如此堅持。」副主任稍微認錯讓我消火一些。

「加上**您不久前才剛付一筆錢買氨瓶不是嗎**？現在中斷就前功

**沉沒成本謬誤：**在做決定時，我們容易受到已經付出且無法收回的成本之影響，而做出不明智的決定。因為已經付出了太多錢，現在放棄感覺什麼都拿不回來，那不如再試看看好了。

盡棄了啊！」副主任射出穿雲箭，痾啊！我握著箭桿充滿不甘心和悔恨。

「不然這樣，因為我是副主任，可以給的折扣權限比較大，原本二萬四可以買四瓶，現在我多一瓶給您，這樣好嗎？」副主任丟出煙霧彈。

「……」我沈默。

「還是您的預算是多少？讓我知道，我來幫你一起想辦法。」副主任想以欺敵之術，裝作我的戰友。

「……」沈默是金，我沈默。

「不然我以副主任的權限，破例讓你分十二期刷卡，如何？……你說說你怎麼想，這樣我們才能好好溝通，不然你一直躺在這裡也不是辦法。」副主任開始急了。

「……」我沈默，我驕傲。

「我知道是我們主任不好，她齁，確實之前也會被一些客人投訴，然後還要我來收拾、安撫客人，真的對你們很不好意思。」副主任終於開始講人話。

店家再次強調那些沉沒成本！

「對啊！！再麻煩你向公司反映，把那個什麼主任修理一下！下次我看到她一定要大罵她一頓！」我也說人話。

「當然！沒問題！一定幫你反應！！……那現在我們怎麼辦呢？」副主任問。

「我沒有這麼多預算，我之前的預算都花完了！」我斬釘截鐵。

「這樣喔！好可惜喔！**之前的努力和付出都沒了……**如果分十二期的話呢？這樣一期只要兩千元，只要少吃幾頓大餐、少買幾件衣服就有了！而且聽說你不是生意不錯嗎？」副主任使出連續技。

我開始想著之前花的錢啊～～才付完第二期啊～～還有十期啊～～～媽媽……

「四瓶兩千，還是太貴了！而且我怎麼知道你們會不會幾次後又說用完了要補充！一瓶到底可以用多久？」為了臉、為了已經花費的九萬元，我決定殺～～～～價！

「一瓶通常可以用兩到三個月，因人而異。不然這樣，因為你還有買可以用一年半的氦瓶，我以我的權限，算你五瓶兩萬四元，保證讓你至少可以用到明年，如何？」副主任退讓了。

**「不行，六瓶算我兩萬四元！」我殺！**

「嗯……好吧！不過你還是要持續來做臉喔！」副主任在看似思考後做出艱難的決定。

「而且要在收據上寫明可以用到明年，期間不再補充任何保養品。」我追加條件。

離開時，已經月黑風高。

四月的風有點熱，但我的心很冷。

身心俱疲，我，很想哭。

2017
4/9

天使：「**我想是別人利用你的善心來騙你，這不是你的錯，沒有關係的。**」

惡魔：「哈！這就是你太蠢，把話語當真，未留白紙黑字！

在殺價的過程中，也許受害者會覺得談到了一個自己勉強可以接受的價格，但同樣我們也要意識到，「定錨效果」是不是又產生作用了？如果一開始完全沒有聽到店家所說的價格，這個受害者會認為一瓶氦瓶有四千元的價值嗎？

這裡受害者產生認知失調的情況，也就是指當人出現一些互相衝突的想法、信念、或價值觀時，產生出一種不舒服的內在緊張感。

白～痴～！」

天使：「這才不是蠢，這是單純、信賴這個世界，以及相信人性本善的美好。」

惡魔：「噗～～哈哈哈！這就是蠢啦！天真無邪樂觀到極致就會導致愚蠢的行為，你沒看到網路上那些蠢蛋們的經驗談嗎？呵呵！」

心中的天使和惡魔正在脣槍舌戰，而我像熱鍋中的死魚般，在床上翻來覆去，煎熬著。

這一整個禮拜，我歇斯底里、猶如中邪般，沒天沒夜地搜尋及觀看網路上的受騙經驗分享，每個字、每句話都像一把把利刃，插進我的心窩，轉一轉，再拔出來，痛心疾首，鮮血流淌而下。

我還加入反＊＊的臉書粉絲專頁。

「事情已經發生，再鑽牛角尖也於事無補，不如來想想看之後要怎麼辦吧！」理智線暫時接了回來。

於是我開始確認下次前往做臉時的目標，擬定計劃和可能的說詞。

洋洋灑灑寫了兩面的計畫書，闔上電腦，半夜三點十八分，心似乎安定了一些。

2017 4/10

從捷運站走出來，我一步一步堅定前進；天空下著大雨，滂沱的雨聲，像是戰友搖旗吶喊，而我彷彿背負著網路上成千上萬受騙者的期待，誓死守住我們的自尊底線。

叮咚，自動門開啟，腎上腺素滿載，戰鬥開始！

FIGHTING！

「大姐，我回去查了網路發現有好多人分享一些……嗯……都是些不太好的訊息耶……」我躺在做臉的床上，點燃引信。

「哎呀~做我們這一行的難免都會碰到一些對我們服務不滿意

在這裡，我們可以看到這位受害者出現「我是聰明的人，但我被騙了」，這種認知失調狀況有時候可能會讓一個人轉而改變自己的態度。例如開始覺得「其實這個集團沒有這麼糟糕吧，這是為了改善膚質必要的付出，我心甘情願」。

的顧客～」店長大姐不慌不忙回應。

**「對啊，我也想說有可能只是某些人的經驗，而且我看大姐你手法與服務這麼好，對人又這麼親切、誠心，那些鳥事才不會發生在我身上……啊～能夠被你們服務到真是幸運～」我不疾不徐附和。**

「不過齁～我看網路上有些人還提告耶，結果搞到後來做臉小姐、店長甚至更高層的主任都要上法院去出庭！真的是麻煩死了！」發射！咻～～碰！我開出第一炮！

「是喔……不過也要有閒有錢的人才會真的告上法院吧！？」大姐摀著傷口。

「對啊，大部分的人應該還是息事寧人吧！不過你也知道我的學歷……還算不錯，所以也有朋友當上律師，如果大姐您有需要我也可以幫你牽線喔！」呵呵呵，我微笑，笑裡藏刀。

## 目標一：讓對方知道我不是好惹的，而且我查過網路了

在大姐咻咻咻塗完水泥、蓋上面膜、最後清潔收斂後，我在床上坐起來，將砲口再次瞄準大姐。

「大姐，謝謝你！啊，對了！上次我買的那七瓶補充的保養品有放進我的袋子了嗎？」我裝瘋賣傻。

「帥勾～你上次只買六瓶！哪來的七瓶啊？！」大姐皮笑肉不笑地回應。

「誒，是嗎？！我記得是七瓶耶！還是說……大姐這邊有上次的收據嗎？」我設下陷阱。

「當然有！」大姐快步離去，將收據拿來給我看。

「喔～原來是我記錯了啦，哈哈哈哈！那……那六瓶現在放在袋子哪裡啊？我看一下，說不定裡面真的放七瓶喔！」我站在陷阱前方招手。

「哎呀～帥勾～你真愛開玩笑！我們一起來數數看～」中！

幸好這位受害者沒有因為認知失調而越陷越深，這可能能夠歸因於(1)他嘗試使用較為減輕自己認知失調的方式去思考：「我是善良的人，所以我才被騙」；(2)觀看網路上的受騙經驗，某部分也許也讓他意識到情境的影響：「我被騙不是因為我很笨，而是這個集團的手法很厲害，很多人在這個狀態下都被騙」；(3)他在接下來用符合其自我概念的方式行動：「雖然我被騙了，但我是聰明的人，所以我會擬定接下來的計畫」。

中！中！大姐一腳踩進陷阱裡，打開平常難得一見的保養品袋，和我一起從一數到六。我還順便看了看其他的保養品存量。

「真的是六瓶！哎呀太可惜了！哈！而且其他保養品看起來量都還好多，看來是可以順順利利用滿一年呢！」看著大姐如實照著我所想的行動，我心裡暗爽。

## 目標二：確認上次購買的物品及保養品存量

「請在這裡簽名。」照往例，大姐在簽到簿上寫了日期，請我簽名，這樣店家就知道我到底來幾次。

「大姐，下次約什麼時候？」我沒有簽名，打開包包作勢找手機。

使出聲東擊西之計。

「哎呀～我下週要出差……下下週要去總部開會……約三週後的今天好嗎？」大姐使出拖延大法老招。

「我看看我的行事曆喔！誒，咦！我的手機咧？」我瞬間就找到手機，但是在那邊一個假動作，在包裡翻啊～滾啊～摸啊～還皺了眉頭！

「找到了嗎？」三分鐘過去了，大姐開始不耐煩。

「哎～大姐，不然你先去放我的袋子，我再找一下，應該是夾在什麼東西裡了。」我嘆了口氣，裝得更不耐煩，對大姐指了指我的保養品袋子。

大姐提著袋子走進放保養品的小房間。

等大姐一關上門、身影消失，我立刻拿起手機，喀嚓！照下要我簽名的這一頁。

框啷！大姐將袋子放上架子。

唰！我快速往前翻一頁！喀嚓！

叩！叩！！叩！！！大姐踩著高跟鞋，聲音漸響，愈發靠近。

唰！再翻一頁！喀嚓！

叩！叩！叩！……高跟鞋聲，停下。

還有一頁！唰！

嘎~門應聲打開……我按下快門！喀喳！

大姐現身！我將本子翻回去！

「找到了！終~於~！！」我對大姐舉起手機晃了晃，左手偷偷壓平翻頁的痕跡。

一滴汗，沿著我的側胸肌蜿蜒而下，腋下已濕成一塊沼澤。

### 目標三：確認做臉次數

呼……我走出店門口，將緊張混雜著刺激一口呼出。

抬起腋下搧了搧，心想，如果我當間諜肯定不能穿淺色衣服。

2017
5/9

「請問會太大力嗎？如果哪裡需要加強請告訴我，謝謝您。」

一位短髮年輕女子突然出現。一邊按摩我的臉，一邊錄音機似地，將標準化台詞背出。

「不會。」我眼皮也不張，冷硬答覆。

好吧，我承認雖然這位妙齡女子面相姣好，但突然給我換個人，要來摸我這尊貴又帥氣的臉，叫我一時間怎麼接受得了！

**「請問大姐……啊……店長去哪裡了？」我盡量語帶禮貌、壓住額頭上的青筋詢問。**

女子嘴角揚起四十三點五度，微笑說「店長今天臨時外出開會，請我來代班。」

「店長很常出去開會嗎？」我追問。

「抱歉，我不知道耶。」女子尷尬地笑。

「店長是去開什麼會啊？」我再問。

「抱歉，我不知道耶。」女子再尷尬地笑。

「那……店長今天何時會回來呢？」我的字典裡沒有「放棄」二字。

「抱歉，這個我也不知道耶。」女子也只能再尷尬地笑。

「好的，我知道了。」我放棄。俗話說，「拿得起，放得下。」

我們內心常常會有些「社會腳本」，也就是在什麼狀況下會出現什麼事情、人們應該要如何互動。這些腳本會讓我們能夠預期會有什麼事情發生，而不會被世界上的各種可能性給嚇壞，但有時候也會成為一種隱形的枷鎖，讓我們很難脫離腳本行動。所以即使這位受害者已經意識到自己被騙了，也開始想著要反擊，但某種程度上卻仍然很難脫離這種應該要以禮相待的社會腳本。

此後，房間中只剩冷氣運轉的孤獨轟隆聲，以及無時無刻總會出現的東西落地聲。然後，我突然發現，原來臉部按摩是沒有聲音的，即使如此，女子真的按得很！小！力！

纖細手指在我的帥氣臉龐上輕緩滑動，彷彿我的肌膚吹彈可破，再用力一些手指便會沒入肉脂中，接著血液噴濺、瞬間變成恐怖片。

哎～真沒勁！我還是喜歡勁道些、啪拉啪拉的手感，雖然偶爾會吃到保養品。

「請問下次會是店長來幫我做臉嗎？」我一邊在簽到簿簽名，一邊問。

「……這個我沒辦法決定，還是我先跟您約時間，如果店長時間不行，我再請她回電？」女子謹慎回應，好似講錯一個字就要被斷舌頭。

過了幾天。

店長打電話過來：「搜哩啦～帥勾～我下禮拜突然被託付一個

好~重要的任務，所以不好意思，要請另一位妹妹代班！」

「挖哩勒，乾你的草泥羊咩咩！！！」結束通話後我在家中大嘶吼，心想這該不會是我上次以律師威脅她的報復吧……

然後來到，約好的今天，第二次沒有大姐店長服務的今天，只有嫩逼妹妹、手勁軟綿肌弱無力的今天。

「您好。這邊請。躺中間。」一位酷氣沖天的女子現身，只差沒嚼口香糖、吹泡泡。

又換了一位，怎麼？當我白老鼠是嗎？還是我是供實習生練手感的做臉練習器？

「之前沒看過你，你也是新加入這個店的嗎？」我不爽，就要問問題。

「不算是。我奶奶逼的。」酷妹一邊說，一邊俐落地抹上保養品。

「你奶奶？」我不是愛說髒話，但我很想在前面加一個X。

「這集團的總經理。」酷妹翻了個白眼，我也在內心翻了個白眼。

如同前面所說的，我們心中會有種社會腳本存在，所以即使你知我知天知地知這店家想騙錢，但對於違反社會腳本直接說出來的人，我們還是會感到很不舒服，覺得他很「白目」。

哇哩勒刊你奶奶的，原來就是你奶奶運作這個騙人騙錢、罪大惡極、十惡不赦、狼心狗肺、把人吃乾抹淨、不吐骨頭、瑪德法克的邪惡集團！

**「你也是被騙來的嗎？」**酷妹酷問。

**「蛤？！」哇哩勒，我白眼差點抽筋翻不回來！酷妹竟然問了超～白目的問題！！！**

「~~托您奶奶的福來的啦~~其實我是自己想來做臉，但沒想到後來會被加收錢！」還不都是您奶奶害的，現在我才躺在這裡跟你聊，你奶奶的，事。

「喔。」酷妹喔。

「喔個屁。」我心裡回她。

「我後來查網路，很多人都在網路上抱怨被騙呢！」我試圖引發酷妹的愧疚感。

「喔。」酷妹說。

「喔～喔喔，你是我的花朵仇人的孫女，我要恨著妳，不眠也不休。」我心裡大聲歌唱，再補一句「喔屁喔！」

2017
6/22

「您好。躺最右邊。」他奶奶是總經理的酷妹邊說，邊率性指著某張床。

「店長呢？」我也不廢話。

「馬上回來。」酷妹兀自走向放滿保養品的小房間。

「……」我脫好鞋，躺在床上，想著接下來可能還會發生什麼鳥事。

涼爽的冷氣盈滿整個空間，微微的風輕拂而過，撫平皺摺的眉頭，也吹散微慍的氣息。就在我正要沈入鬆軟的美好世界時，叩叩叩叩的急促腳步聲，招魂似地將我拉回這荒謬的現實。

「搜哩搜哩～我剛剛去買東西，那個店員齁……（以下略一千字）……哎呦～看你這帥臉，被我們保養修復地多～好！」店長大姐臉不紅氣不喘地說出我的帥氣，但我懷疑這些都是屁話。我本來就很帥，有沒有保養都很帥。

接著，塗水泥、嘴角吃保養品、絲襪套頭式按摩、啪拉甩蓋面膜，一氣呵成。就在我覺得怎麼這麼快就蓋上遮臉布時，「您好。躺這邊。」酷妹又帶著一位待宰羔羊進來。

「妹妹今天穿得很水喔～～（以下略一千字）」大姐嘰哩呱啦翻動她的舌頭。

「還好啦～大姐嘴巴總是這麼……噗噗！咳咳！……」我想隔壁的妹妹吃了一大～口保養品，想必是剛來不久，不知道保養時都要撅著櫻桃小嘴說話嗎？不然保養品吃多了，吃完就要再掏錢買囉！

不知道過了多久，「您好。躺這邊。」酷妹像是買賣器官的皮條客，又拖進一位可憐人。

「您好。躺這邊。」

「您好。躺這邊。」

「您好。躺這邊。」

「您好。躺這邊。衣服掀起來。」酷妹拿起酒精棉片，擦拭著床上的顫抖肉體。

「您好。躺這邊。嘴巴咬緊。」酷妹俐落滑動刀片，在肉色的畫布上抹上一道血紅。

「您好。躺這邊。壓好壓緊。」酷妹一把拉出粉紅的肝臟，朝我冷笑起來……

「X！」我不確定有沒有大吼出來，我趕緊摸了摸腹部，沒事。呼……雖然很常爆肝，但有肝總比沒肝好。眼前一片慘白，手腳微微發麻，背後已經浸濕在汗水中。我緩緩坐起來，拿掉後臉上的白，一對焦就看到左手邊一排人體，臉上都蓋著白色的面膜，我想停屍間也不過如此。

「帥勾~我們約兩個星期後的七月七號喔！這邊幫我簽名齁~」未來或許可以轉職當禮儀師的店長大姐，兀自約下時間、打開簽到簿要我簽名。

被當作屍體擺佈的屈辱化作一把怒火，我正要開口噴火，「叮拎~」一位面貌姣好的女子打開門，身後跟著一位學生妹，女子朝著大姐打個暗號後就甩著馬尾離去。

又一隻小肥羊。

豺狼如大姐，張開血盆大口咬去。

「妹妹～我看你齁，膚質不錯，但可惜臉頰有一些斑！要不要試試我們新推出的洗臉精華液呢？我們現在年中優惠，買一送一，兩瓶原價一千元，現在只要六百元，超便宜的！」大姐鼓起三寸不爛之舌。

「我……我沒有帶這麼多錢耶……」學生妹一臉想要跳窗逃跑的表情。

「是喔～好可惜！如果這樣也不勉強啦！那你帶多少錢呢？」

大姐露出慈母的微笑詢問。

「我看看……啊，只有四百多元～看來是買不了了，呵呵～」

學生妹露出微勝利的笑容。

「不然這樣啦，我是店長，一瓶原價六百元，算你便宜一些，**至少買個一瓶三百五啦**！真的可以改善你的斑唷！」大姐不疾不徐。

**腳在門檻內效應：**
先提出一個較大的要求（原價一千元），然後再提出較小的要求（只要六百元），讓對方感覺第二個要求相對較合理、可接受而答應。

「那……好吧！」學生妹略顯無奈地掏出四百元，花錢消災。

「啊～我這邊剛好沒有零錢可以找你，不然這樣啦！這瓶你先拿回去用，明天你下班經過時，再來找我拿五十元，好嗎？」大姐隨意翻找零錢箱，露出我很搜哩的嘴臉。

「……啊……還是我去樓下商店換錢？」學生妹臉皺成一團，很想拿回那個五十元硬幣。

「哎呀～怎麼好意思麻煩你！啊呀！都五點了！不好意思，我要準備接下一位客人了！不然這樣，為了彌補你，明天我免費讓你體驗一下比較高級的臉部保養和按摩，好嗎？」大姐提高語調、加快說話速度，邊說邊站起身來。

「……啊……可是我最近很忙，沒辦法過來耶！」學生妹奮力一搏。

我在旁邊不忍卒睹，很想大聲說，快逃啊～～五十元就讓他去吧～～不要回來啦～～～但實在很怕惹惱大姐，破壞我的後續計畫……

「沒關係～沒關係！什麼時候來都可以！我就在這邊跑不掉、

一定還你錢的，不用擔心齁！」語畢，就把洗面乳遞給臉部快要抽蓄的可憐學生妹。

「……啊……可是我怎麼知道你會不會到時候忘記？」

叮拎，我打開門，悄然走出這紛紛擾擾。

然而，自責混雜著生氣、同情與愧疚，在我的體內亂竄，像是要尋找一個破口、傾瀉而出，銷蝕那些令人憤恨的人事物。

在樓梯間僵直了數分鐘，也等待了數分鐘，仍不見女孩逃出。默默祝福樓上正捲進漩渦中的女孩後，我才抬起腳步，繼續邁進。

邁向，復仇之路。

## 2017 8/23

天花板的燈白亮得刺眼，我躺在最裡面的床上，有種等一下要被剖腹取腎的不安感。

就在我幻想要吃掉他們的所有零食、在他們的廁所大挫賽、把蟑螂們放生在廁所，來進行報復時，「叮拎～叩叩叩叩！」大姐推開門、踩著急促的鞋跟走進來。

「帥勾～搜哩搜哩！上午又被主任急叩去支援南京店的活動！」大姐邊抱怨邊洗手，只差沒戴上白手套、拿出手術刀、取出我的腎臟。

「是喔！辛苦了！不過為什麼總是找你去支援，怎麼沒找其他店長？」我用深厚的聲音，暖心關懷。

「哎～沒辦法～～～」大姐長長嘆口氣，皺紋也長長地多了一條。

「看大姐很無奈的樣子……怎麼說沒辦法呢？」我嗅到一絲復仇的希望，往前推進。

「哎～就……就那個主任啦！每次都叫我到處支援，真是累死我了！」大姐的心牆開了一道縫。

「主任？！你說之前那個沒說清楚、讓我很不爽的那個主任嗎？」我趁隙而入。

「對啦！就她啦！」大姐難得皺起眉頭。

「她喔～我看她就是專會欺負善良人！像大姐這樣負責又熱心的人，肯定會被她使喚來使喚去、很不公平！」我也一樣皺起眉頭，煽風點火。

「對啊！你怎麼知道！我也覺得主任看我願意幫忙，就開始軟土深掘！也沒想想一直叫我去支援，店裡的客人怎麼辦？」大姐的眉頭燃起火苗。

「我學心理的，當然看得出來！而且主任真的沒有在替你著想耶～你出去支援不但店裡的客人會抱怨，業績也會下降吧？！」我朝大姐的火苗煽風。

「對啊！所以我還得找人來代我的班！真是麻！煩！」大姐火力漸升。

「我突然想到，之前有個女生說是總經理的孫女，該不會就是主任找來代你的班的吧？！」我露出一副不敢置信的驚訝表情。

「對！！說到這個我就火大，你知道壓力有多大，她有多難搞嗎？明明要我幫忙支援，還派一個爛人來讓我顧，我又不是保母，還是總經理的孫女，誰敢動她！！」大姐怒髮衝冠，氣氣氣氣氣，氣到鼻孔大開，氣到濃厚的妝容都在顫動。

「蛤～怎麼這樣！真是欺負人耶！那這樣大姐你打算怎麼辦？」

我鎖定大姐心中的坑。

「還能怎麼辦？只能忍囉！哎哎～」大姐由怒轉憂。

「真的是都欺負善良人～這樣大姐如果要做到退休，要一直忍，真的是傷心又傷身耶！」我見怒氣消減，趕緊加大風力。

「對啊！我最近都睡不好，一直久站腰也開始出現問題！」大姐摸著腰皺眉。

「而且依我的經驗，主任還把總經理的孫女派給你照顧，說不定……可能是想逼迫你主動離職？！」我在大姐的心坑中種下邪惡的種子。

「誒咦？！……我…倒是沒想過…」大姐彷彿被熟人捅一刀，驚訝的張大嘴，支支吾吾。

「這我看多了！或許是大姐你很認真負責，做了很多業績，搶她的風頭……不然也有可能是她看你和副主任這麼要好，擔心副主任想往上升、和大姐你聯合起來鬥掉她……」我在邪惡的種子上灌溉，唏哩唏哩澆上疑心之水。

「那……那怎麼辦？？！！」屎尿盡失，大概就是描述大姐這表情吧！

「依我的經驗，大姐你最好小心行事，不要讓主任抓到你的把柄，然後也和主任溝通，看能不能不要出去支援，出去支援不但增加犯錯機會，還會降低業績，這些都是可能的把柄！」我先創造恐懼，接著促發行動。

「那、那要怎麼說？？我之前有和主任說過了，她根本不聽。」大姐急切地問。

「首先，你可以先從店內業績因此下降為理由婉拒，然後說副主任也在關心這些事，增加主任妥協的可能。記得，講的時候要很堅定，不管主任說什麼理由，你都說『抱歉主任，我要顧店』，堅定的立場才能真正讓主管打退堂鼓。」我推了推眼鏡，但沒有碰到任何東西。

「好！好！我試試看！」大姐一掃愁容，堅定的眼神炯炯閃耀。

「對啊！一定要試！不然大姐你好不容易經營起這家店，還這麼累幫了這麼多忙，結果最後好處都被人端走，自己什麼都沒有，實在太委屈了！」**我大力一推，將大姐推上懸崖邊。**

懸崖邊狂風大作，我張開雙手，讓風兒吹散我的鬱悶。

我迎風走出大門，帥氣的臉蛋發著光，嘴角則揚起三十二度角的完美壞笑。

2017 10/9

復仇，失敗。

可恨！

本來以為挑撥離間、促使大姐發聲對抗主管會搞得店家雞飛狗跳，結果沒想到副主任一出手，立刻雞犬安寧，還解決大姐被壓榨剝削的情況。嗯……副主任果然是最強勁的對手。

上次使用挑撥離間之計兩週後，副主任突然現身。

受害者試圖造成店家的困擾或損失，某部分是嘗試讓自己重新取得控制感。但我們可以思考看看，若真的造成店家的損失後，有沒有可能而讓受害者感覺到公平（即使自己的損失並沒有得到彌補）甚至反而感到罪惡，而在後續拒絕或反抗的力道更小呢？

「Hi～好久不見～」副主任堆滿毫無破綻的真心笑容。我下意識倒退一步。妖女。

「呵呵呵～別緊張，我又不會吃了你，也沒有要推銷你東西啦～」副主任一眼看透，嘻嘻呵呵之中就化解我的憂慮。

「喔……hi，呵呵～」我尷尬往前一步。

「這瓶洗面乳給你，剛好我們之前辦活動、有代理這家的商品，大姐有和我說你的膚況，我覺得這瓶很適合，就送你用用看囉！」副主任遞給我一瓶包裝精緻的日系洗面乳，微笑一下，轉身做事去了。

「謝謝。」我禮貌表達感謝。

走進保養室，脫下鞋子，躺在床上，我不禁在心中拍拍手，讚嘆副主任的高明。不過，用這一罐小小的洗面乳，就想要收買我的心？哪這麼容易。

趁著大姐還沒有進來，我將口袋裡的錄音筆拿出來再次確認，準備進行下一階段的復仇計畫。

確實，很多時候，誘騙我們的人也不過就是個普通人，而不是什麼反社會的惡魔。他們也許在一開始也會有不安，但在這樣的集團環境中，逐漸失去了「我需要為我的行為負責」的個人責任感，取而代之的是「我不過是在為自己的公司做事」的想法……

「叩叩叩叩」，隨著大姊高跟鞋的敲擊聲逼近，我的滿腹壞水也逐漸沸騰起來，冷氣第一次失去它沁涼的功用。

「帥勾～我和你說我今天……」大姐的表情猶如負債三千萬，瞬間老了八歲，一進來就霹哩啪拉開始述說她最近的悲慘遭遇。什麼女兒車禍、鑰匙忘記帶、腰痛到睡不著、年紀一大把還要出來賺錢她也不願意……

**聽著聽著，我的鐵石心腸軟化下來。心想，大姐也只不過是別人的員工，年紀一大把了還要出來賺錢，經常站著做勞力活，還要養家裡那個啃老族，實在是蠻可憐的。其實最可惡的也不是她，而是這個集團上面的經營者。**

想著想著，我的手也癱軟下來，沒有按下錄音筆的錄音鍵。

自從上次我們「談心」，我鼓勵大姐「造反」、結果反而真的解決她的困擾後，每次做臉時，大姐就像轟炸機一樣，噠噠噠噠轟轟呼轟的把她的苦水、最近碰到的困難、隔壁鄰居跟她對罵、敗家子整天浸屎在家中、奧客譙她是個騙子（啊不就是嗎？）、總經理孫女難搞等等狗屁倒灶的鳥事全都噴到我的臉上。

現在倒好了，不但仇沒報到，還得當對方的心理師，而且還是躺在床上動彈不得，只能撇著小嘴回應，張太大還會吃到保養品的狀態……

好吧！山不轉路轉，既然報仇策略失敗，那我就採取「友好攻勢」，看看若是幫忙大姐解決煩惱，會不會因此順順利利讓我做臉做好做滿一年，從白色的床上畢業，掰掰永不再見。

於是乎，我躺著做臉，大姐站著諮詢；我動櫻桃小嘴，大姐動手；我花大錢，大姐賺錢。

「Hi～大姐，今天過得好嗎？」成為我躺在床上的做臉開場白。

## 2017 11/8

「帥勾～最近過得好嗎？」大姐第一次搶走我的開場白。

「……嗯，還可以。」聽到大姐竟然沒有抱怨，我一時之間有

「是喔～看來是生意做得不錯囉？」大姐接得挺順，開始套起話來。

「普通普通，過得去。」我敷衍了事。

「那好，那個……我們副主任有事要和你說。」大姐說完就向門外招招手。

現在是哪招？！妖女有事要和我說？！剛剛進來沒看到副主任在外面啊？！救命啊～究極[23]妖女要～來～啦～～～

洗臉程序都還沒完，感覺我的臉皮已經繃緊起來，吹彈不破。

「哎呀帥哥，好久不見啦！上次送你那罐日本的洗面乳好用嗎？」副主任妖女綿羊般笑盈盈問著。

「還可以。」我冷冷對著羊皮裡的飢餓妖女回應。

「這樣啊～沒關係，**我今天帶了另個日本高級品牌的洗面乳給你**～放在這邊喔！」副主任妖女說完，將一瓶精緻包裝的洗面

23 日文寫法為「全力を尽くす」，源於日本動漫，有最終極比超級更為厲害之意。

大家看到這邊，應該開始能夠想像接下來的事了。沒錯，這時的禮物，是為了要讓後續的推銷更加順利。給你個小禮物，讓你感到有一點感謝或虧欠後，你更可能和他「禮尚往來」、答應他的提議。

乳放在我旁邊的矮桌上。

「謝謝您。」我冷冷道謝，冷，但不失禮的那種冷。

「啊，對了，我今天來是想和你說，現在也要年底了，我們大姐很用心幫您做臉，也一年了。經過我們討論後，覺得你可以再做進階的深層修復，搭配還有一半的氨瓶一起使用，效果更好喔~加上現在年底還有優惠活動，當然我也會以副主任的身份再做折扣給您！只要兩萬五就可以再延續一年了喔！**聽說你生意發展得不錯，手頭應該滿闊綽的吧？**」妖女露出她的利牙，貪婪沿著牙尖流淌下來。

「生意喔……普通啦！況且上次的分期十二期都還沒還完哩！等還完了我再考慮看看。」我閉著眼，腦中飛快演算接下來可能碰到的情形，以及如何因應。

「我知道~到明年三月是最後一期！不過明年就沒有折扣了，而且農曆過年後常有人事調動，到時候就不能保證會是我來和你談囉！有可能是你討厭的主任喔！」妖女搬弄老招。

「我怎麼記得今年年初，大姐還說要去支援其他分店的活動，

> 這個手法前面曾使用過，也就是將決策的重點導向為「你生意好不好、你有沒有錢」，若你對於維持自尊的需求較高，你就很容易被引導去消費。

應該是有滿多折扣活動的吧～副主任您可不要嚇我啊！況且當初不是說好可以用到明年嗎？」我在床上嘟著小口，也不拐彎抹角。

「是啊！當然啦！一定是到用明年的！只是你也知道，到時候再續買，一方面是沒有折扣、比較貴，二方面是銜接不好可能會出現療程空窗期，到時可能需要花更多錢才能達到原本的效果呢！而且看你好不容易保養到這種程度，差一點點就完美了，而且氨瓶也還有一半，不續也太可惜了～」妖女連出三招，招招致命，搞得我內心又癢又痛，眼前彷彿出現剩餘氨瓶被倒掉的既視感。

大姐突然接續話題：「對啊！而且你也知道大姐我一直都很照顧你，有時為了你還早點上班呢！啊你也知道我很辛苦，快要年終了，就捧點場嘛～」大姐不但沒有幫我，還在旁邊磨刀霍霍。

「對啊～～大姐真的很辛苦耶！副主任你要好好照顧我們大姐啦！她很努力很用心！我還和她討論，幫她解決很多人際上的大小事呢！對不對？」我提醒大姐知恩圖報。

「我知道，我知道，大姐有和我說你幫忙她很多！**藉著年底折扣活動的機會，你除了幫你自己，也可以順便幫大姐的業績啊，一舉兩得，是吧？**」妖女好個順水推舟，要我好人幫到底的意思吧！？吃屎！

「沒關係，我等明年再續。到時候一樣可以幫到大姐的業績，況且我這麼信任大姐，也覺得你們真的把我的臉顧得很好，不用擔心我會跑掉啦！」我實在不想像上次一樣，躺在床上舌戰一小時，這次速攻！速戰速決！

「既然你信任我們，也想要繼續，那現在續買，真的是最划算的時機啦！」妖女緊咬不放，真是她＊的有夠煩人。

「對啊～帥勾～你看你這帥臉，現在不續買太可惜了啦～～」大姐也來咬住我的後腿，說完還突然「啪！啪！」猛力用雙手拍我的臉，拍得我三魂七魄差點飛散，幾乎都要飆出國罵。

我瞪大眼睛，深吸一口氣。

這時店家試圖操弄受害者的自我認同，也就是藉由把「購買行為」和「他認為自己擁有的特質（在這邊也就是『樂於助人』的特質）」連結，嘗試引導他進行購買。不過，在這個案例裡也許因為「樂於助人」的認同本來就是受害者刻意營造出來的，而不一定是他內心深刻認同自己的樣子，所以對於他並沒有太大的影響。

再次堅定地告訴對方，「我不要」。

**「我分期還沒還完，而且我上次就說今年的預算花費都已經用完了，沒錢。」**我斬釘截鐵撥開妖女咬住不放的爛嘴，然後踹飛大姐。

「不然這樣，你不是有信用卡嗎？可以先向銀行貸款，利息我們來出，這樣子夠好了吧？」喔～妖女出新招，看來詐術還是有再增進的！

**「不用，我不貸款的！**到時還不出來會影響信用，生意就不用做了！」我邊說，邊摸摸口袋，還好今天錢包放在隨身口袋裡，不然放在置物櫃的包包中就危險了。

「哎優～沒經過您的同意，不會擅自拿你的信用卡的，別擔心！好啦好啦！那就明年再說吧！」妖女果然觀察力敏捷，也知道果斷放棄。

妖女一轉身，遲了十分鐘的面膜立刻「啪！」一聲不客氣蓋上，我感覺被打了一「臉」掌。

「好好休息。」大姐沒好氣地說出她的標準台詞，跟著妖女走出房間。

和上次被推銷相比，我們可以看到這位受害者本次的回應並不是強調要修理誰或罵誰，而是將重點放在自己的想法及意願表達上。比起上次以沉默進行被動反抗，這次的表達更加直接、堅定、清楚。

「咁你的草枝擺幾百爛人甲賽烙賽鄰尿腸破肚爛出去被車撞被雷劈臉被狗啃死死沒全詩！」

喔～我真希望我會腹語術，就能一邊敷臉一邊罵髒話了！

2017
12/24

自從上上次我說要明年再續買後，大姐就說她要出國休長假，等回國後再和我約，也沒和我說何時回國便打發我走。

過兩週後，我就當起狂打電話的瘋子，每天都問「請問大姐在嗎？可以約下一次的時間嗎？」，搞得我像變態的追求者似的。最後，皇天不負帥臉人，終於約到十二月底。

**當天，我只帶一張悠遊卡，連錢包都沒帶，以免被逼良為娼，脫錢包下海刷卡或被扣押現金或證件**。

我在床上躺好，再次複習今天的三大目標：確認最後一次的做臉時間、鋪陳不續買的藉口、拿回剩餘保養品。

有些時候，在還無法完全靠意志控制自己的心思和行為時，我們至少能夠認清自己在哪些環境下容易受到影響，然後像這位受害者一樣，預先做好準備與調整，以控制自己的行為。

一聽大姐叩叩叩進保養室，我就先聲奪人。

「大姐，我算過如果一年五十二週，扣掉過年、連假、休假等等，算四十週就好，一週一次的話，就是四十次，算一算大概會做到明年三到四月吧！」我躺在床上，掐指計算。

「誒～沒有內，我們做到下一次就結束囉！」大姐一副我是不肖商人在坑她。

「不是吧～我們之前不是說好做到明年嗎？而且你上個月還休長假。」我才是那個被坑的人吧！

「下一次就是明年沒錯啊！而且……和你說我們公司有ＳＯＰ啦！每個人的療程都相同，是三十四次。」大姐臉不紅氣不喘，好像這件事是眾人皆知的常識。

「ＳＯ……Ｐ？！」我倒是氣到臉紅發喘，Ｐ還破音。

「對啊！所以下次是最後一次，那你要不要趕快續買呢？不然到時候有空窗期喔！而且你看，你的氨瓶還剩好多都沒用耶！好可惜呦～你看你看～」大姐毫不留情再補兩刀。

「啊啊啊啊啊啊～～～～～～」我在心裡大叫，早該想到這些訓練有素的詐騙集團肯定都有ＳＯＰ的呀！

想到我過去那些善意的付出、聽大姐狂倒垃圾當我回收筒、還幫他解決各種疑難雜症，全都白做工！！！！！我一整個懶趴火沿著腹部燒到心窩，再燃至眉頭。很想從眉間射個燃燒光線，把眼前這些惡人惡事都燒個西吧爛！！

我閉起眼睛，透過呼吸將我的理智線修復。

「大姐，不瞞你說，我們公司昨天開年末工作會議，我被通知要轉調到桃園分部，真的是很遠～」我想像我是一隻可人的小貓，張著水汪汪的大眼，無辜看著主人，滿嘴唬爛～喵～

「是喔～現在不是有機場捷運嗎？到台北只要半個小時吧！」

大姐看來是依照ＳＯＰ教戰守則來回應。

「是沒錯！不過因為桃園據點是新的，我應該會更忙，應該是更沒時間約做臉～哎～」我大嘆一口氣，要演大家來演。

「沒關係啊！我有很多金字塔頂端客戶，他們也很忙，也都一、兩個月約一次的！」大姐輕鬆應對。

「但是隔這麼久，這樣對臉不好吧？」我立刻質疑。

「不會耶！因為現在你的基礎修護做好了，所以進階的保養本來就會延長間隔時間啊！而且我們SOP是三十四次，一定會幫你做完的啦～」大姐露出堅定誠懇的眼神，像是伸出橄欖枝的撒旦。

「對了！我想到了！你們桃園應該也有分店吧？還是大姐你一兩個月去桃園幫我做一次！反正從台北坐機捷只要半小時啊！」看我給你個軟釘子！SOP裡應該沒有教這個要怎麼回應了吧！呵呵呵～

「這……這個，嗯……嗯，我們沒有這樣的啦～」看起來大姐在用力地腦筋急轉彎。

「怎麼沒有？！你之前不是說你還有去新竹支援過嗎？」過去的談話內容，現在都是我的武器。

「那……那不一樣啦……」大姐支支吾吾。

「對了，不然這樣，大姐你有沒有認識桃園地區值得信任的美容師呢？你介紹的我一定相信！」我給大姐一個「啾咪」的表情。

「誒……不過我們規定保養品的業績是算在店面，不是算人，這樣我過去幫你做是白做工耶！」大姐面露委屈。

「蛤？！是喔！！怎麼這樣啦！這什麼爛規定？！根本就是欺負員工！該不會又是你那個主任訂的規則吧？！爛死了～～」

我提高音量開始罵起來。正大光明的開罵，爽！

「好啦！冷靜！冷靜！啊……如果你信任我，為什麼不願意花時間來台北讓我做臉呢？我其他那些頂端老客戶都這樣耶～」

大姐假裝微怒，似乎還跺了一下腳。

哇喔～沒想到還來個「如果你愛／孝順／在意我，為什麼不……」的情緒勒索標準句型啊～不錯喔！

「大姐你也知道我一直都很滿意你幫我做臉啊！你請別人代班時我不是還抱怨了一番嗎？但之後去桃園真的沒有時間跑台北！絕對沒有！而且，如果大姐你真的在乎我的臉，還有和我的關係，為什麼不願意花時間到桃園來幫我做臉呢？」我也是雖然我們在生活中經常會用疑問句來表達請求（「我下次可以把沒用完的帶回去嗎？」），但這種方式反而會讓人有回絕的機會，且很多人在遭到回絕後會突然愣住（因為這其實與一般的社會腳本不符）而順從對方。所以，在這種時候，更直接地告訴對方「我打算這麼做」會是更好的選擇。

情緒勒索高手呢～來互相傷害啊！

「……啊……哎～哎～哎～算了算了～」只見大姐嘆了三口大氣後，失望地搖頭，好像我傷她很深！

最好痛死你啦！

「所以，大姐你既然不想去桃園幫我做臉，那你有沒有認識桃園好的美容師呢？」為了拿回那剩餘的氨瓶，我也沒在客氣！以後回家敷臉我就自己滴在臉上！

「沒有。」大姐冷冷回應。

**「那這樣我只好自己打聽了！那下次做完臉我就把剩下沒用完的保養品帶回去。」**我沒有要徵求大姐同意的意思。

「嗯嗯。」大姐滴咕著。

「有屎快去拉！」我在心裡咒罵。

下一次，最終之戰。

我到底可否平安下莊呢？副主任妖女又或是誰是否會出現呢？大姐還會使出什麼招式呢？SOP裡的第三十四次有什麼內容

呢？我可以順利拿回剩下的保養品嗎？

不管怎樣，我也要先把屎拉好。

2018 1/5

**上戰場前要先做好萬全準備，否則就等著付錢變砲灰吧！**

**戰前準備：**首先，出門前我只帶五十元，以及一張悠遊卡。把各種會自爆的危險物品，像是錢包、信用卡，全都放在家裡。穿一雙好逃跑的鞋。

**敵方的目的及可能的策略：**敵方目的是要我花錢續訂。可能招式會利用我沒用完的保養品、其他小利誘、人情或跟我耗時間來讓我屈服。

**撤離策略：**（一）鬼打牆說一樣的話「我回家想一天再決定」＋迅速轉身離開。（二）手機定鬧鐘，假裝有事、有來電。（三）錄影錄音，以此為離開的籌碼。

好！出發！！

> 如同前述，認清自己容易在怎樣的環境下容易被影響後，我們可以預先想好策略，甚至事先進行演練，好讓我們做出較好的行動。

「總經理您慢走，我們下個月見！」我推開門進去的同時，大姐正畢恭畢敬地和某位散發貴氣的女士道別。

「你來啦~躺中間那張床喔~」大姐微笑，笑中藏著風雨欲來的尖銳。

我躺上那柔軟的白床，暗暗發誓這是我這輩子最後一次躺在這裡。

「帥勾，你知道剛剛離開的那位女士是誰嗎？」大姐略帶勾引的語氣問到。

「不知道耶~」我誠實回應。

「你不知道嗎？她是＊＊集團的總經理啊！她齁，雖然很忙，但是每一兩個月都會來這邊做臉一次，放鬆身心也做定期的保養，多~~好！」大姐立刻展開第一波攻勢。

「是喔~真好啊！能夠繼續來給大姐服務，想必她應該是有專人接送、交通很方便吧！」我順著攻勢一扭，閃身而過。

「對啊！不過齁，人家雖然是總經理，百忙之中還很有心、抽這種情緒勒索，是試圖藉由引發你的罪惡感，來達到控制你的目的。如果你是過度在乎他人感受、過度希望獲得別人的肯定或喜愛的人，你會更容易被這種情緒勒索給控制住。

空過來呢！所以啊，有心就能克服各種困難的～你說是吧？」

大姐直擊核心。

「對啊！有心真的很重要呢！有司機、有時間和有錢也都很重要呢！」我臉皮厚，天下無敵。

**「唉～ㄘㄟˋ心啦！」大姐開始情緒勒索。**

「唉～人生啊！」我也跟著嘆氣。

隨著嘆氣聲結束，沉默蔓延開來，抗戰成功的愉悅也逐漸蔓延到我的嘴角。

疑？不對啊！大魔王——副主任妖女怎麼沒出現？

「妖……副主任……今天不在嗎？」我小心翼翼發問。

「她今天剛好要參加重大會議，所以不在。唉～」大姐滿臉惋惜，嘆了一大口氣。我在內心也鬆一大口氣，破關了～喔耶！

接下來，就是取得破關的獎品：剩餘的保養品。

「蛤～是喔！她上次不是說要送我另一瓶洗面乳嗎？」我開始進行下一步。

「沒有吧！？應該是說有活動、產品有多的再送你吧？」大姐緊張回應。

「是喔～好吧！那我記得副主任還有說我至少還有一半的氨瓶。」我再度抬出妖女的職稱。

「對啊，還有一半喔～怎麼樣，想要續訂後續的保養療程了嗎？」大姐順水推舟，又來！！

「對啊，大姐有推薦桃園的哪一位美容師嗎？」我使出鬼打牆招式。

「唉～～ㄘㄟˋ心啦～～～」大姐又在哪裡假掰吶喊。

「唉～真的是沒辦法啊！如果大姐沒推薦的，我只好自己找了。那結束後，我再和大姐拿剩餘的保養品。」我堅定下達指示。

「不過剩餘保養品很重耶，不然等你確定店家了再告訴我，我再幫你寄過去。」大姐以貼心之名，幾乎沒有讓我拒絕的空間。機車！

「沒關係，沒有繼續療程還把保養品放在這裡，這樣很不好意思耶～」我也裝得很貼心。

「沒關係，服務顧客是我們的宗旨啊～不用不好意思～」大姐露出燦笑。乾！

「沒關係，我自己拿就好……該不會你們說要保管，其實是把我用剩的保養品給其他人用吧？嘿嘿～」我半開玩笑轉移話題，攻擊！

「沒有啦～怎麼可能，你真愛說笑，呵呵呵～」大姐皮笑肉不笑。

「如果不是這樣，那大姐結束後讓我帶回去喔！感謝！」我微笑結束這回合。

「不過很重喔～而且啊，東西很多，你一次應該拿不回去，而且保養品也很亂，我幫你整理好，你下次再來拿～」大姐一心急立刻丟出一堆理由，擺明就是不想讓我今天拿保養品回去！

「沒關係，感謝你的貼心。因為我不確定多久才可以找到合適的美容師，所以想說今天把剩餘的保養品帶回去，自己敷臉時把可以用的保養品加進去。」我直球對決。

「痾……是喔……」大姐大概沒料到我會這麼直接，被直球K得有點不知所措。

「是。」我堅定丟出句點。

勝利，獲勝，爽。

面膜蓋上之後，我融進柔軟的床，進入未來無限美好的夢境。

大姐喚醒帥氣的我、迅速收尾後，立刻哈腰接待另一位「貴客」——某某協理之類的。

我伸了伸懶腰，穿好鞋，背好背包，拿剩下的保養品……

咦？！保養品呢？！我的保養品呢？？！！

「大姐，我的保養品呢？」我盡量冷靜詢問。

「我收起來了～」大姐隨意回應。

「我不是說今天要拿走嗎？」我拳頭發熱。

「啊呀!!對吼，我太順手就收起來了。我現在沒辦法幫你拿，不然我再打電話和你約時間，看你下次何時順路經過，搜里啦～」大姐裝傻能力爛到我整個傻眼。

我愣在原地三秒，大姐頭也沒轉，繼續舞動她的三寸不爛之舌和貴客天南地北，沒要再繼續理會我的意思。

要吵嗎？

要鬧嗎？

要翻桌嗎？

要歇斯底里大暴怒嗎？

唉……算了，人生何必這麼累。

於是，嘆一口長長的氣，我輕輕走了。

當晚，我就接到大姐的來電。我不想接，大姐便寄了簡訊過來。

「帥哥，我們約下週二晚上六點好嗎？另外，副主任說她可以介紹你桃園的美容師，也有一瓶洗面乳要送你喔！到時候見。」

大魔王妖女，出現了！

用膝蓋想也知道她們希望我過去，然後當場再想辦法說服我續當能夠接受沉沒的成本已經沉沒，並且轉而考慮什麼才是當下最好的選擇，我們才真正開始有選擇。

訂保養療程。想到被逼迫、動腦鬥智的場景就覺得心累。而且如果我再攪和進去，出了什麼意外肯定又要繼續受苦受難，此外也還不知道妖女會出什麼大招，到時候在我面前哭哭啼啼又脫衣服該怎麼辦。

不能再這樣了！

**斷開魂結！**

**斷開鎖鏈！**

**不要再惋惜那五瓶貴鬆鬆的氨瓶！**

好吧……至少我學到寶貴的人生經驗，知道自己的人性弱點及詐騙的手段和話術，也有應對、自我保護的方式。現在被騙小錢，或許因此避免未來損失大錢。

我如此自我安慰。

深思過後，我決定把再涉入戰場的時間、心力拿去賺錢，比較安心踏實，失去的就放下吧～

Let it go.

前進。

## 後記

最近我在捷運入口碰到某組織的募款人員，他們一開始以調查為名，拿個板子上面有五個議題，像是環保、動物保護、兒童福利及性別平等之類的，接著**請你用圓點貼紙貼上你最在意的議題。然後，不知為何就會牽扯到他們組織有在做一些促進社會公義的事情，並且邀請我進行……小額捐款**。

談到錢，我立刻警鈴大響、覺得不妙，退後一步，像是走一走突然看到前方有一坨狗屎上面有蛆的那種驚嚇退後一步。

於是，我深呼吸，然後說，「我知道了，我會考慮，請給我匯款單，謝謝。」

「如果你也支持，不如馬上行動，刷卡的話，五分鐘就可以囉！來～請幫我在平版上填一下資料。」對方立刻將平版塞到我的眼前。

「如果我決定要捐款，也會回去才捐。**我的原則是，談到錢，絕不立刻決定。**」我堅定說。

「不過，以我們的經驗很多人回去就會忘記，或懶得動作……」

記得，你的選擇就是你的選擇，你沒有義務非得要向別人說明為什麼。不需要長篇大論的解釋，單純地重申你的決定就是最好的回應。

**腳在門檻內效應：**透過先提出一個較小的請求（貼貼紙），之後再提出較大的請求（捐錢），會比從一開始就提出大請求，更容易被對方接受。

對方也很堅定。

「我現在一定不會下決定。請你給我匯款單。」我說。

「是喔，不過只要一下……」對方不死心。

「我現在不會決定。匯款單。」我開始鬼打牆。

最後，對方給我匯款單。我走下捷運樓梯前，聽到對方鎖定一位大學生。

絕對不現場決定付錢，事後再決定。

堅定鬼打牆。

嗯，我也成長了。

「堅定」其實是需要練習的。就像在做重量訓練一樣，你需要的是一次又一次、持之以恆的練習，中間可能會受傷，可能也會失敗，但這些過程都能成為你成長的養分，並且讓你更了解自己。

如果你想要知道怎麼練習「堅定」、為什麼要這樣練習，就繼續往下看後面兩章吧！

Chapter 04

# 以為自己不會被騙的人　其實最可能被騙

相信大家在閱讀本書案例時，偶爾會覺得「天啊，這也太笨了！這樣也會被騙？」「啊，這樣的手法也可以騙到人？太扯了吧……」。

不過，當局者迷這句話不是說假的。

## 4-1 你擅長分辨謊言嗎？

如果今天有個人在你面前，企圖欺騙你，不管他的目的是為了騙錢、騙色，還是純粹想滿足個人私慾都好，我們想請你估計看看，在一百次的騙局中，你能成功地發現幾次對方在說謊呢？在下面寫下你的答案：

**在遇到一百個說謊的人中，我覺得我可以正確分辨出謊言＿＿＿＿＿＿次。**

雖然我們並不認識你，但我大膽的預言你寫下的數字會極為接近五十，如果要再精確地猜，應該會是五十五左右。這個數字乍看很高，不過，這種辨識率其實就跟丟銅板是一樣的。

在第二章第三節〈愛情的騙子〉中，我們曾提過，研究發現人類並不擅長辨識謊言。這個結論不只針對一般大眾，也同樣適用於那些以辨識謊言維生的人——好比警察與法官。此外，年齡、性別與教育程度，都無法有效提升我們辨識謊言的準確率，就算是認為自己很會辨識的人，他們的辨識率其實也沒有高到哪去。不過的確也曾有篇研究提到一個例外，若一個人越擅長說謊，他就越擅長辨識謊言，準確率可達65％。

這就是我們在接下來這部分想探討的：每個人都可能會被詐騙，就算你是——（可填上任何頭銜，如博士、老師、大學生……）也不例外。如前一章日記所示，被大眾視為「洞察人心」的專業——心理師，也很可能是被騙的對象。

回到心理學中的「決策心理學」領域，大量資料顯示：在做決定時，人類時常出現「過度自信」的現象。以為自己比別人更不容易被騙、以為自己很擅長辨識謊言，這種自信常常僅是誤會。

這種現象其實很常見。相信大家在閱讀本書案例時，偶爾會覺得「天啊，這也太笨了！這樣也會被騙？」「啊，這樣的手法也可以騙到人？太扯了吧……」不過，當局者迷這句話不是說假的；對身處「局中」的人來說，詐騙集團精心策劃的誘餌，夾雜著理性與情緒的元素，會讓人一步步陷入其中而不自覺。相信經過本書的分析你會慢慢知道，在當下要即時掙脫並不是那麼容易的事。

## 4-2

# 過度自信會出問題

透過大量實驗，我們發現「自我感覺良好」是非常常見的。對詐騙集團來說，這其實是好消息，大家越覺得自己不會被騙，他們就越容易找到下手的機會與對象。在這本書即將來到尾聲前，讓我們來介紹幾個與「過度自信」有關的效應，與談談其破解之道。

### 認知不對稱錯覺（illusion of asymmetric insight）

這指的是人們時常會有一種「以為自己懂得比較多」的錯覺。雖然說「知識就是力量」，但「自以為有，卻其實沒有擁有這麼多的知識」這種情況，反而容易讓我們疏忽。自以為懂但實際上一知半解的案例在本書層出不窮。大家對於某些概念只是略懂卻認為自己「懂」，即是詐騙集團得逞的原因。我們的「懂」其實破綻百出，只要一時不察，可能連被騙了都不知道，還以為自己的觀念、作法是正確的，心想著「我才不會被騙呢！」。

相信會購買本書的讀者，都是希望加強自己「反詐騙」的能力，但我們也想要提醒，書本知識所帶來的「好感覺」，也可能讓各位因為自覺「懂」得比較多，反而疏忽被詐騙的可能！此外，本書提供的知識雖然已經盡量用「通則」去描述詐騙行為，但詐騙集團的功力日新月異，每隔一段時間便會推陳出新。身為作者，我們也在煩惱，這本書會不會幾年後就「過時」；不過，依照目前詐騙案例來看，某些經典詐騙手法似乎永遠不會落伍。我們可以採取的預防也是。大家要謹記在心，小心千萬別因為「知道」帶來的安全感而鬆懈。

## 後見之明偏誤（hindsight bias）

後見之明偏誤，俗稱「馬後砲」。在閱讀本書案例時，許多部分的劇情與心路歷程因為交代得還算詳細，有時讀著、讀著，我們心中會出現一種聲音：「哎！我早就知道會這樣了！」這就是典型的後見之明偏誤。這類型偏誤的真正問題是，我們其實並不是真的「每次」都能知道事情會這樣發展，我們只是「覺得」自己知道。

西北大學凱洛格管理學院研究後見之明的社會心理學家尼爾．羅斯（Neal Roese）

曾有段很好的提醒：「如果你覺得自己早就知道這一切會怎麼發生了，那就表示你不會停下來去檢查，為什麼有些事情真的發生了」。[24] 而這正是「後見之明偏誤」危險的地方。用後見之明的心態去看待每一起詐騙案，會讓我們對這些詐騙覺得司空見慣，理所當然，沒什麼好深究的，因此，我們便更不會去探討裡頭讓受害者真正被騙的原因。

若要破解後見之明，最好的方法是什麼呢？就是反過來思考看看：「會不會在某些情況之下，我也有可能被這樣的詐騙者給騙了？」這種思考方式稱為「反事實思考」，可以協助我們跳脫出自以為知道的立場，反過來去發現這些案例中自己沒有發現的資訊。

反事實思考可以簡單分為兩種，一種是「上行假設」，針對已經發生的事去思考，如果滿足哪些條件，就會出現比真實結果更好的結果。我們可以去問的是，在這些詐騙案中，如果哪些地方「顧好了」，最後受害者就不會被騙了？另一種稱為「下行假設」更像是我們期待大家去思考的，若以自己為主角，在哪些情況下，自己

---

24 Roese, N. J., Mikulak, A., & Anderson, D. S. A. P. (2012). 'I Knew It All Along…Didn't I?'– Understanding Hindsight Bias. Association for Psychological Science.

也可能會被這樣的詐騙手法給騙到？一般情況下，大家都比較不願意「唱衰自己」去思考這種可能性，但研究顯示，在生活中練習下行假設的反事實思考，其實可以增加我們的快樂呢！畢竟，我們真的還沒有被騙。

## 知識的詛咒（curse of knowledge）

知識的詛咒指的是，在我們了解某些概念之後，就很難同理那些「不懂這些概念」的人到底是怎麼搞的，以及不知道該如何好好與他們溝通。但事實上，詐騙集團蠢蠢欲動的對象不只是我們，還有我們身旁的長輩，以及那些看似快要長大，但其實心智卻未必獨立成熟的孩子。所以避免知識的詛咒不只能幫助自己，更能幫助身邊的人，是相當重要的。

在理解了書中提到的各種詐騙背後的原理之後，我們也想提醒，在和不懂這些概念的家人、朋友溝通時，切記保持耐心，也要發揮同理心。不妨稍加回想一下，還不了解這些概念的自己，在遇到類似新聞案件時，我們的思考模式是什麼？而又是在什麼契機之下，你決定購買本書來充實自己相關的知識？

沒錯，當初購買本書的動機其實非常重要。你是為了自保嗎？那應對這些詐騙引發的焦慮感，將是你和家人、朋友分享這些反詐騙觀念很好的起點。因為他們很可能也跟你有類似的感覺。回到「不懂」的狀態，我們將能更有效地把我們已經吸收到的反詐騙觀念分享給親友。而在一次次分享的過程中，我們對於這些知識也將更為熟悉。

## 自由意志錯覺（free-will illusion）

大部分時候，我們會認為我們的每個行為、言語都是出於「自由意志」的。今天要買這本書，做出這個決定的是我，今天把它讀到這邊的也是我。不過，心理學家早已發現人類的意識其實是個廣袤的領域，當中有我們接觸得到的「意識本身」，以及我們接觸不到，卻深刻影響我們每個決定的「潛意識」。

在知名著作《快思慢想》中，心理學家丹尼爾．康納曼（Daniel Kahneman）延續了心理學家奇思．史坦諾維胥（KeithE. Stanovich）和李察．魏斯特（Richard West）的說法，把大腦思考系統區分為「系統一」與「系統二」。

系統一代表的是我們思考中比較反射、直覺的層面（好比，請快速算出：「8×7為多少？」），系統二代表的則是經過縝密邏輯、按部就班分析之後的理性思考（好比，請快速算出：「6×5＋34－20÷5」是多少？）。

自由意志錯覺是非常普遍存在的，康納曼指出，一般民眾會認為自己的判斷，多半是經過縝密思考後才做出的（也就是歸因於系統二），但包含本書提到的眾多心理效應，其實都是負責直覺思考的系統一在搞鬼。而且很多時候，系統一實在太好用了，我們可以不費力、快速做出反應，負責縝密思考的系統二經常就省事地直接通過系統一的決策來進行。

「自由意志錯覺」指的就是，我們誤以為直覺的「系統一」並不存在，我們每個決定都是縝密的「系統二」好好地想出來而做的。

對大腦來說，縝密思考的系統二運作起來可是相當花費很多力氣的，這便刺中許多台灣人的弱點：我們並不喜歡花力氣思考。當我們用直覺思考的系統一過日子時，其實比較省力，不用想太多，但很多時候就是這種「偷懶」，讓詐騙集團有機可乘。雖然直覺思考的系統一並非「永遠」出錯，但在面對詐騙集團縝密手法的精心計算時，本書介紹到的各種「系統一的系統性錯誤」，永遠是系統二應該要出來避免的。

過度認為我們的「決策」完全操之在己、操之在意識、操之在系統二，其實也是一種過度自信。我們以為自己總能理性地做出反應，但事實是，每個人的大腦都有它的限制，我們的大腦都是理性與非理性結合而成的。不過，我們相信把本書讀到這邊的讀者，都已經學到很多「系統一」的bug（臭蟲）了。這種知識的補充，還有對「自由意志」的新認識，就是最好的破解之道。

## 4-3 缺乏自信也不行

有一種容易被詐騙的思考風格或人格特質，就是「過度欠缺自信」，也就是對自己的感覺、想法不夠有信心。當對自己心生懷疑時，很容易因為對方幾句話就否定自己的感受，或被對方牽著走，這種個性也是詐騙集團非常容易得逞的類型。

### 聚光燈效應（spotlight effect）

聚光燈效應來自社會心理學的研究，是指我們會高估自己被他人關注的程度；特別是在我們覺得自己表現欠佳時，這種效應就特別明顯。

好比，剛理完頭髮的你，一定認為現在全世界都在關注你的「鳥頭」吧！？你可能會辯解「但真的有人在看我啊！」不過這也許是因為你一直左右張望確認有沒有人在看你，這個奇怪的動作才引起了別人的注意，又或者平常走在路上也會有路人的目光掃過你身上，只是這一次你才把這種目光掃視當成有意義的事。

事實上，在我們覺得自己表現不好，或者表現不符合社會預期時，聚光燈效應會越強烈，我們會認為別人都在關注自己，並給予我們不好的評價。這和前面曾提過的定錨效果以及調整不足的現象有關，因為每個人對自己觀察都特別仔細，這些豐富的觀察結果（比如說注意到自己頭髮左右不太對稱、瀏海參差不齊、頭頂很毛躁、髮尾有分岔等）會成為我們的定錨點，然後我們會以這個定錨點為基礎，進行少量的調整來推論別人的態度——「嗯，別人應該沒有像我觀察得那麼仔細，他們應該只有注意到我瀏海很怪還有髮質很差吧！」。因為我們的調整往往不足夠，所以我們會高估別人對自己的注意，並且認為別人和我們一樣覺得這個頭鑾鳥的！

「聚光燈效應」讓我們特別害怕丟臉，害怕做出和別人不一樣、或不符合我們想像中的社會規範的事（例如拒絕買愛心筆），因而在他人在場的狀況下，特別容易被人給牽著鼻子走。每個人可能都有一些感到特別羞恥的、難忘的經驗，我們常以為別人也跟我們一樣「難忘」，但其實現實未必如此，並不是所有人都這麼在乎你呢！

## 不合理的想法與信念

雖然大部分的人都希望自己能夠獲得別人的喜愛和肯定，但是如果這種想法太過強烈、極端，開始把要被喜愛或肯定當作「應該」、「一定」（我應該要努力獲得別人的肯定——即使是陌生人或我不在乎的人」，或者以此定義自己存在的價值（「如果別人不喜歡我，代表我是個沒有用的人」），我們會變得經常犧牲自己，只在乎別人的想法和感受，擔心麻煩到別人或讓別人不開心。等到面對詐騙集團時，我們可能也不敢質疑對方、不敢提出疑問，即使心有疑慮還是會說服自己去信任對方；或者在拒絕對方時出現強烈的焦慮感和罪惡感，所以乾脆直接答應，來讓自己感覺好過一點。

另一個容易讓人陷入騙局的因素是「完美主義」。當我們認為自己「必須」要表現得完美時，伴隨而來的就是種種不合理的自我要求，像是「我應該時時刻刻都要當個有愛心的人」、「我應該要知道所有問題的答案」、「我必須是個完美的伴侶」、「我的每個決定都要是對的」……這些自我要求，會讓我們擔心在別人面前顯得不夠完美，所以我們不敢問問題、不敢承認自己做了錯誤的決定，或被有心人士操弄，而迫使你做出其實不全然出自己意願的事（你想當個有愛心的人沒錯，但你可能更想把錢捐給信任的慈善機構，而不是路上隨機遇到的販賣者）。

## 4-4 從過度自信、沒有自信到「適度自信」

現在我們已經知道了，不管是過度自信或是缺乏自信，都會讓人較可能受騙。要從層出不窮、日新月異的詐騙手法中逃脫，我們需要的是適度的自信——或者用心理學的角度來看，我們需要「自我肯定（self-assertive）」。

### 什麼是自我肯定

身而為人，我們應該就是那個替自己「確認與維護自己基本權益」的人。自我肯定指的便是位於自傲、自信、自謙與自卑中，最中間的位置。

我們要能尊重並維護自己的權益，同時，也要尊重其他人跟我自己一樣，擁有同樣的權益。自我肯定的人會是能夠用直接、真誠且合宜的方式去表達自己的需求、願望、意見、感受與信念的人；與此同時，他也能夠尊重別人跟他一樣，擁有行為表現與情感表達的權利。

在前面提到的許多分析裡，很多時候我們被詐騙集團痛宰的部分原因，是來自我們無法為自己「發聲」，表達自己的需求、願望、意見或是感受與信念。好比，在愛心筆的案例中，我們壓抑了內心的聲音，選擇聽從對方，進而讓自己陷入以難脫逃的僵局。

**根據 Jakubowski 與 Lange[25] 兩位學者看法，自我肯定裡的權利包含：**

- 不侵犯別人的權利，每個人有權利選擇能增進自己尊嚴和自我尊重的行為方式。
- 被尊重的權利。
- 有說「不」，且不因此感到罪惡感的權利。
- 有經驗和表達情感的權利。
- 在行動之前，有放慢步調和思考的權利。
- 有改變主意的權利。
- 有就個人需要提出請求的權利。
- 有權利選擇表現少於自己真正擁有的能力。
- 有尋求訊息的權利。

- 作為平凡人的權利，即有無心的、非故意犯錯的權利（指非道德上和法律上的過失）。
- 有認為自己還不錯的權利。
- 有為自己的行為提出辯護的權利。
- 基於個人權益保護，有不說理由或不回應別人問題的權利。

詐騙集團用各種伎倆，否定、忽視或剝奪了我們行使這些權利的自由。當然反過來說，若他們給你這些權力的話，他們就騙不到你了。

因此，預防詐騙的基本心法，即是記得身而為人，我們在每個時刻，都擁有這些權利，千萬不要因為一時情急就忘記。

在後面的練習題，我們便針對這些應有的權利，設計了一些作業。唯有透過實際練習，才能慢慢熟悉「捍衛自己權利」的感覺。

## 你的「自我肯定」程度

25 Jakubowski, P. and Lange, A. J. (1978). *The assertive option: Your rights and responsibilities.* Champaign, IL: Research Press Co.

## 你的「自我肯定」程度

**想知道自己有多自我肯定，你可以試著回答下列幾個問題。**

| 是 | 否 | |
|---|---|---|
| □ | □ | 1. 說「不要」對我來說很困難。 |
| □ | □ | 2. 我會因為擔心別人覺得我很蠢，而不敢提出疑問。 |
| □ | □ | 3. 別人常常會佔我便宜。 |
| □ | □ | 4. 如果店員已經花了很多時間向我推銷，我會覺得很難拒絕。 |
| □ | □ | 5. 我會小心不要傷害到別人的感覺，即使我自己其實覺得很受傷。 |
| □ | □ | 6. 我覺得去商店退貨是件很尷尬的事。 |
| □ | □ | 7. 大部分的人好像都比我更有氣勢，更會為自己發聲。 |
| □ | □ | 8. 我會表達自己的想法。 |
| □ | □ | 9. 如果在電影院裡，旁邊的人講話很大聲，我會請他們小聲一點。 |
| □ | □ | 10. 如果有人在背後說我壞話，我會當面找他聊聊。 |
| □ | □ | 11. 當我做了很重要或很有意義的事，我會告訴其他人。 |
| □ | □ | 12. 如果我對餐廳的食物不滿意，我會告訴服務生。 |
| □ | □ | 13. 如果有一個很親近的朋友或親戚做了讓我覺得不高興的事，我會表達出來，而不是一味地壓抑。 |
| □ | □ | 14. 如果人家要求我做某件事，我會堅持要知道原因。 |

（問卷節錄及修改自 Rathus, S.A. (1973). A 30-item schedule for assessing assertive behavior. Behavior Therapy, 4(3), pp. 398–406.）

## 結果分析

數數看，你在第1～7題有幾個「否」，在第8～14題有幾個「是」，加總起來的分數越高，就代表你越能夠自我肯定。

要多高才算足夠自我肯定，並沒有客觀的標準，但分數越高，代表你越能夠遵照自己的意願去表達自己，而並非總是委曲求全。

有些人可能會擔心，如果分數太高的話，是不是代表自己太強勢或太具攻擊性？這可能是來自對「自我肯定」的誤解。自我肯定並不代表總是要別人「聽你的」，也不是去否定對方的情緒和需求，而是能夠同時考慮到自己與對方，並表達出自己不一樣的想法、情緒、與需求。

無法自我肯定的人，可能會一直把重點放在批評對方、攻擊對方，結果在對方有好的提議時也無法接受（因為這會損及他的自尊）；又或者，因為害怕尷尬、丟臉、被否定而要求自己不斷去配合對方，即使對方提出的要求越來越不合理仍然不斷讓步。無法自我肯定讓我們遇到事情的反應被「定型」，在遇到和別人想法不一致時就「只能這麼做」，而常常無法選擇更好的方式，來表達與滿足自己真正的需求。

「自我肯定」代表更有彈性、更寬闊的選擇空間。有能力去表達自己的需求、願望、意見、感受與信念，即使有時候你沒有表達，也是基於互惠或價值觀的「選擇」，而不是因為你「沒有辦法」表達。

**你可以在這一頁的旁邊寫上今天的日期和你的自我肯定分數，然後試著進行下一章的各個自我肯定小練習。隔一陣子，再回來看看，你自我肯定的能力或許就變強了。**

日期：__________　肯定「紀錄」：____________

日期：__________　肯定「紀錄」：____________

日期：__________　肯定「紀錄」：____________

日期：__________　肯定「紀錄」：____________

日期：__________　肯定「紀錄」：____________

日期：__________　肯定「紀錄」：____________

日期：__________　肯定「紀錄」：____________

日期：__________　肯定「紀錄」：____________

日期：__________　肯定「紀錄」：____________

日期：__________　肯定「紀錄」：____________

日期：__________　肯定「紀錄」：____________

## 4-5 如何自我肯定

如同前面所描述的，自我肯定的行為，是能夠用直接、真誠且合宜的方式去表達自己的需求、願望、意見、感受與信念。

自我肯定不只包含我們說過些什麼內容，還包括我們講述的方式。有些人在表達自己的想法時，會因為不好意思、尷尬、或焦慮而朝對方傻笑，但這會讓你的語言和非語言表達內容不一致（你的聲音說「不要」，表情卻在說「好」），而產生被誤會的空間。又或者，有些人會很愧疚地道歉接著拒絕別人，或是會過度詳細解釋自己拒絕對方的理由，這些都可能會讓你和對方產生一種你對不起他、你在辯解的錯覺，因而營造出「你必須得做些什麼來彌補」的潛在壓力。

當然這不是一個絕對、生硬且不可違反的標準（相對地在表達自我時總會不小心太具攻擊性的人，微笑或禮貌性的用詞可以幫助傳達友善訊息，或減少衝突），只是如果你認為自己一定得這樣，且真心對自己的行為感到「不好意思」，在某些狀況下就很難保護自己的權益。

**所以，當要自我肯定地表達時，我們要「清楚」、「簡短」、「堅定」、「誠實」地告訴對方你怎麼想。**

- **清楚**：比起用「這樣會不會……」、「你先問看看別人啦」等方式來打太極，我們可以更「清楚」告訴對方「我不想這麼做」。
- **簡短**：與其告訴對方「我沒辦法去參加這個活動，因為下週末我的好友要結婚，這個朋友當初在我結婚時幫了很多忙，而且他沒有太多好朋友……（以下略三千字）」，你可以「簡短」說明「我沒辦法去，我那天有事了」。
- **堅定**：在對方無視你的拒絕、仍然持續想要說服你時，「堅定」地用一樣的話回應他「沒有辦法，我有事了」。
- **誠實**：「誠實」地告訴對方自己的想法，比起「我再考慮看看」，你可以更坦白地告訴他「我沒有興趣」。

有的時候，對方可能會想要追問你原因，你可以自由選擇是否告知。但記得，你沒有絕對的義務要向對方解釋，畢竟你只是在行使你「拒絕」的權力。

有些時候，對方可能會因為你的拒絕而顯得不高興，然而，我們並不需要期待對方會欣然接受，我們只需認清、接受對方會有自己的情緒，但不把他的情緒當作自己該承擔的責任。

一開始練習自我肯定技巧時，有些人會矯枉過正，變得太有攻擊性。

記得，我們要做的是「不卑不亢」地表達自己的想法。你可以試著用下面的表格來思考，自己通常是比較偏向「過度畏縮／缺乏自信」或「過度攻擊／過度自信」，並試著找到較中庸的平衡點。

| 情境 | 過度畏縮／缺乏自信 | 自我肯定／適度自信 | 過度攻擊／過度自信 |
| --- | --- | --- | --- |
| 在別人請你幫忙，而你想要拒絕時…… | 勉強答應；很不好意思地解釋自己拒絕的原因「對不起，可是我……」。 | 直接告訴對方「我沒有辦法幫你」；告訴對方自己可以協助和無法協助的部分，「我最近太忙了，沒有辦法幫你，但你有需要的話我手邊有一些資料可以提供給你參考」。 | 諷刺對方「你覺得我有那麼閒嗎？」、「我忙都忙死了還要幫你？」；生氣表示「你為什麼每次都問我，不去問他！」、「我沒空！」 |
| 到藥妝店買東西，推銷人員一直在旁邊向你推銷…… | 因為不好意思打斷或拒絕，只好一直聽他說，甚至買下原本不想買的東西。 | 告訴對方「我不需要」、「我想要自己看就好」、「我需要多點時間考慮」、「你一直在我旁邊已經影響到我挑東西了，請你給我多一點空間」。 | 「不要擋路好嗎！」、「這個看起來很難用！」、「你是覺得我長很醜才需要這個嗎？」 |
| 在別人提出一個你其實不太了解的提議時…… | 怕被人發現你不懂，所以不敢提問；覺得別人比你聰明所以提出的想法一定是對的。 | 詢問更多的資訊，告知對方需要多一點時間了解才能做決定。 | 雖然一知半解，但相信自己的判斷能力或看人的能力很好；不懂裝懂。 |
| 當自己的想法和別人不一樣…… | 覺得一定是自己想錯了，只在乎別人的想法，貶低自己；過度委婉以至於沒人聽得懂你的意思。 | 同時尊重自己與他人的想法，進行溝通，去理解中間不一致的原因。 | 只在乎自己的想法，覺得自己一定是對的，貶低別人，不容許別人提出質疑。 |
| 與人互動時…… | 焦慮、討好、迴避衝突、小心翼翼害怕犯錯。 | 放鬆、平等且互相尊重。 | 有優越感、貶抑別人、常想指使或控制他人。 |

## 4-6 自我肯定的阻礙

### 無法自我肯定的想法

有的時候，我們沒辦法展現出自我肯定的行為，是因為我們的想法不夠自我肯定。你真的理解而且相信前面說的那些「權利」嗎？還是有一些想法阻礙你自我肯定地表達了呢？以下是一些常見的想法阻礙：

- 如果我說了我的想法，他們會覺得我很沒禮貌／我說了也沒用。
- 別人不同意我代表他不喜歡我／別人不同意我代表他看不起我。
- 他有他的需求，我應該要照他所說的做／我有我的需求，他應該要照我想的做。
- 他不會答應，所以我還是不要問好了／他不會懂，我就自己去做就好了。
- 我如果拒絕，他一定會很生氣。
- 我如果說錯就丟臉死了。

面對這些想法，你可以問問自己，我現在是用過度畏縮或過度攻擊的方式在思考嗎？這個想法是百分之百對的嗎？會不會沒有這麼極端與絕對？有什麼證據支持我的想法嗎？有沒有別的方式去思考或解釋？然後試著用較自我肯定的方式來「改寫」原本的想法。例如，你可以將這些想法改寫成下面這樣：

- 在合作關係中，我有權利和義務去表達我的想法，即使不一定能達成共識，這樣的溝通也有助於我們做出比較好的決策。
- 別人是不同意「這件事」，而不是不同意我「這個人」。他同意過我很多次，只是剛好這一次不同意罷了。
- 我們有各自的需求，這不一定是某一方有錯，也許我們可以找到兩方都能接受的平衡點。
- 過去的經驗告訴我，他有時候會答應（／會懂），有時候不會，但不去問問看我就不會知道。
- 我如果拒絕，他也許會生氣，但他不會生氣一輩子，他也不會只因為一件事情就否定我整個人和我們的友情。
- 雖然當下可能會很丟臉，但是別人生活中有很多對他們更重要的事情，像這種事情他們大概過一兩個禮拜就忘了吧。

上面只是其中一種改寫方式，你可以用你自己的方式進行改寫，讓自己從內而外變得更加自我肯定。

**找出讓你很難自我肯定的情境**

自我肯定不是個穩定不變的特質，你在面對不同的情境，自我肯定的程度可能會不同。如果我們比較清楚在哪些狀況下，自己比較難自我肯定地行動，我們就可以預先做好準備與練習，也能對類似的情境有較多防範。你可以從「我有多自我肯定」這一節中找到一些線索，看看你在什麼狀況下較難自我肯定，你也可以去思考不同的場合、表達內容（拒絕別人、表達意見、表達情緒、或提出要求等）、互動對象（對方的性別、熟悉程度、彼此的關係或權力位階、是一個人或一群人）會不會造成一些差異。

即使是很懂得表達自身意見和情緒的人，在拒絕別人上也可能出現困難；一個能輕易對大部分的人提出自己需求的人，也可能在面對自己的另一半時有口難言。這和個人的價值觀及想法有關，比如說，當一個人覺得「我是一家之主，我應該要承擔起責任，不要讓人擔心」時，可能就很難將自己的需要在家人面前展露出來。

所以，當找出讓你難以自我肯定的情境後，你可以檢視看看在這種狀況下，你經常出現什麼想法或「應該」的念頭，然後嘗試用上一節所教的方法來改寫這些想法。

＊＊＊

**自我肯定是需要練習的**。

因此，在本書的最後，我們回顧了這本書提到的幾個重要概念，設計了一些練習題。有些練習題需要你實際演練，有些需要你觀察自己、觀察你所在的環境、觀察你所使用的媒體等等，期待透過這樣的設計，讓讀者更有機會把書中提供的觀念，經由實際演練與應用，內化到你的生活中！

Chapter 05

# 練習不被騙：反詐騙練習題

在判斷一件事情的因果時，若要避免驗證錯誤，就是找出更多可能性來問自己。讓我們一起透過覺察、反思及主動查證，遠離詐騙！

# 5-1 時間是反詐騙的好朋友，直覺是被騙的好朋友

**小測驗**

**請試著用最快的時間，完成下列題目：**

1 一本筆記本台幣十五元，兩本筆記本需要 ______ 元。

2 一本筆記本和一支鉛筆總計 1.1 美元，筆記本比鉛筆貴一美元，鉛筆一支是 ______ 美元。

3 一台機器一分鐘可以完成五個工人的工作量，一台機器兩分鐘可以完成 ______ 個工人的工作量。

4 五台機器五分鐘可以完成五個工人的工作量，那麼一百台機器需要 ______ 分鐘可以完成一百個工人的工作量。

5 池塘長了一種很容易繁殖的浮萍，每天浮萍面積都是前一天的兩倍。從一平方公分的浮萍，長到八平方公分需要 ______ 天。

6 池塘長了一種很容易繁殖的浮萍，每天浮萍面積都是前一天的兩倍。如果，充滿整個池塘需要三十天的時間，那浮萍充滿半個池塘需要 ______ 天。

答案見下一頁

## 答案

A01　三十元。

A02　0.1 美元。

A03　十。

A04　一百分鐘。

A05　三天。

A06　十五天。

**你的答案跟上面一樣嗎？恭喜你！**

不過，上面有三個答案是錯的。第二題應該是0.05美元，第四題應該是五分鐘，第六題應該是二十九天。

為什麼我會知道你可能算錯呢？因為，大部分的人在「快速」作答的情況下，都是用我們之前提到的直覺，也就是前文所說的「系統一」在思考。這些題目，特別是偶數題（第2、4、6題），如果太快用直覺思考，結果很容易出錯。因此，我們需要借助「系統二」，雖然比較緩慢，但是多數時候更為縝密的思考，來找出最佳答案。

這邊問的題目，其實與「數學能力」較無關，而是與平時的思考方式有關。「系統一」的直覺思考很快速，可以讓我們在遇到危機時，迅速做出決策。好比，在叢林裡遇到蛇，系統一先決定拔腿就跑；但事後系統二仔細看，才發現那是草繩。不過，現代社會中我們要遇到這種「真正生存危機」的機會其實已經少很多了。

然而，詐騙集團創造了很多假警報，希望大家用系統一快速做出反應、不要想得太多。而容易受詐騙的人，確實常在不知不覺中動用了「系統一」的思考方式。它雖然快速，但很多時候容易受到情緒（好比焦慮、害怕）的影響，而讓我們做出衝動、後悔的決策。

**因此，在面對生活中各種情境，你接到一通告訴你孩子受傷的電話、收到一封帳戶被凍結的信件、聽到再不立刻買就沒機會了等等刺激時：**

1 請別急著做出「反應」（react），稍微停下來。

2 或許可以暫時遠離、隔開那些刺激。

3 把焦慮、緊張、害怕或罪惡感等負面情緒稍微緩緩。

4 好好呼吸一分鐘，替自己的大腦爭取冷靜的時間。

然後你會發現，大腦開始比較有辦法動員「系統二」、好好思考了！聰明的讀者也會發現，在本章安排的各種練習題，都是需要引導「系統二」出動，來改善「系統一」的初步決策。

# 5-2

## 大腦會去找你想看的資訊給你

### 小心驗證偏誤

桌上有四張卡片，上頭寫著「D」、「K」、「3」、「7」。這邊的卡片有個特色是，每張卡片都有正、反兩面，一面是一個英文字母、另一面是一個數字。有個人告訴你：「這套卡片有個規則，只要一面字母是D的卡片，它的另一面就會是3。」為了測試他說的話是否為真，你覺得至少需要翻開幾張卡片查看呢？會是哪幾張呢？不妨花點時間思考一下這個問題。

讓我來猜猜，你是不是覺得應該翻開兩張卡片，分別是「D」和「3」呢？不過，這正是多數人的「錯誤回答」。正確答案應該是D和7兩張卡片。我們可以一張一張牌來為讀者分析一下，根據規則「只要一面字母是D的卡片，它的另一面就會是3」。

在第一張卡片「D」很明顯，我們需要翻開它，好確認背後是否是3，這張卡大部分的人都會挑，也是正確應該檢查的。卡片「K」與規則無關，也不需要翻過來，這張卡大部分人也都會答對，是不用翻。

接著，來到卡片「3」。這張卡讓人很想確認，我們是否需要把它翻開，好檢查背面是否是D呢？仔細想一想，「只要一面字母是D的卡片，它的另一面就會是3」這句話，其實並不等於「只要一面是3的卡片，它的另一面就會是D」，這個規則並沒有提到「反之亦然」這種說法。所以，這張卡背面是不是D，還是別的，其實都不重要。

最後一張卡片「7」也很有趣，因為多數人都沒有想過它必須要翻開來檢查，好確定它的背面「不是D」。如果這張卡翻開來是D的話，那麼一開始的規則「只要一面字母是D的卡片，它的另一面就會是3」就是錯的。

這個練習想告訴大家什麼呢？就是「驗證偏誤」無所不在。當我們心中有些「預設立場」時，就容易去尋找資料和證據，來驗證自己原先的假設；而不是「去找不相符的資料」，來推翻自己的立場與假設。

「只要一面字母是D的卡片，它的另一面就會是3」，多數人會主動翻開「3」的卡片，然後期待背面是「D」，如此一來就「Bingo！這句話確實是對的！」。但真正能驗證這句話是否正確的方法，其實是去找證據推翻它，把「7」打開，看看背面是否是「D」。這種推論方式稱為「排除法」，在確認了反向資料也沒有錯誤的話，才能證明這句話是對的。

排除的思維對於辨識「詐騙」相當重要。

假設有個商人一直標榜某藥品可以把某個症狀消除。買藥回家的民眾就會「不小心」掉入驗證偏誤的陷阱裡，一直去尋找「症狀」真的消除的案例；當我們沒有把「機率」、「安慰劑效應」考量進來，就很容易誤以為這些藥真的有效。所以我們還需要做的是，想想還有症狀的人，他們真的都沒有用過這個藥品嗎？這麼有效為何沒有被廣泛使用？會不會很多人用了沒效後，就把它塞到抽屜深處，再也沒有跟別人提起呢？

這也是為什麼科學研究中，最嚴謹的實驗設計「隨機控制實驗」比較能證實藥物或者治療是否有效的原因。在隨機控制實驗中，像是剛剛的機率問題、安慰劑效應、實驗者效應，都可以被有效地「排除」掉，如果在排除了所有可能性之後，藥物的效果還是存在，我們就比較敢說這個藥是真的有效的。

因此，在判斷一件事情的「因果」時，若要避免驗證偏誤，就是找出「更多可能性」來問自己，會不會這個結果，並不是我們所想的原因導致的，而有其他的可能因素呢？並且之後試著「推翻」這些假設，看看最後剩下哪些可能性。

夏洛克・福爾摩斯曾說過，在排除所有可能性之後，剩下的無論多麼不合情理，那就是真相。這句話提醒我們，在我們認為某些「真相」是真相之前，請記得把更多可能性找出來，一一排除，這樣的真相往往比較可能站得住腳。

**來練習看看，針對下列情境，找出更多可能的原因或假設，並想方法試著推翻、排除它們。**

**情境：商人說這個藥可以有效改善失眠，我吃了以後真的改善了……**

| 因為…… | 推翻／排除方法 |
|---|---|
| 藥真的像商人說得一樣有效 | 其他睡眠沒有改善的人，也吃了同樣的藥 |
| 最近工作累 | 之前我失眠時，工作也很累 |
| 最近壓力小 | 之前我失眠時，壓力也不大 |
| | |
| | |
| | |
| | |
| | |
| | |
| | |
| | |
| | |
| | |
| | |

**情境：商家請我去 ATM 解除分期付款，他知道我的郵局帳號……**

| 因為…… | 推翻／排除方法 |
|---|---|
| 他真的是商家，所以知道 | |
| | |
| | |
| | |
| | |
| | |
| | |
| | |
| | |
| | |
| | |
| | |
| | |
| | |

## 5-3

# 意志力是有限的
# 人人都有腦波弱的時候

曾有一個研究調查了一千位企業領導人，對一整天的意志力、專注力做了分析，發現如果昨天有睡飽的話，我們剛起床之後一陣子的專注程度是最高的。隨著工作持續進行，專注力一路下滑。中午用過餐後，專注力仍持續下滑，到下午兩點來到谷底。但隨後出現一個反彈，開始回升，這也是為什麼我們五、六點下班時，精神通常不錯的原因。而到了晚上八、九點，這個專注力曲線又開始往下掉。

儘管這項調查樣本數很大，不過還是不適合類推到每個人身上，畢竟我們的作息和工作性質都不一樣，但讀者可曾觀察過自己一整天何時「腦波最弱」嗎？在第三個練習，我們想邀請讀者進行七天的觀察，除了睡覺時間之外，每一個小時記錄一個數字，來代表自己「意志力」的程度。

從1到10，1表示意志力耗損；10表示意志力滿格。你可以想像，意志力滿格時，你可以輕而易舉做出決定，阻止自己衝動買下不必要的東西。而在意志力耗損時，我們腦波很弱，很容易「不小心」做出一些讓自己之後懊悔的事。

像是下方的表格，從起床時間開始（這部分數字可依照自己作息微調），開始記錄到入睡前。記錄七天之後，我們就可以找到自己一整天平均而言的「意志力曲線」。

## 意志力曲線表

| 平均值 | 日 | 六 | 五 | 四 | 三 | 二 | 一 | 時間 | |
|---|---|---|---|---|---|---|---|---|---|
| | | | | | | | | 08 | 起床時間 |
| | | | | | | | | 09 | |
| | | | | | | | | 10 | |
| | | | | | | | | 11 | |
| | | | | | | | | 12 | |
| | | | | | | | | 13 | |
| | | | | | | | | 14 | |
| | | | | | | | | 15 | |
| | | | | | | | | 16 | |
| | | | | | | | | 17 | |
| | | | | | | | | 18 | |
| | | | | | | | | 19 | |
| | | | | | | | | 20 | |
| | | | | | | | | 21 | |
| | | | | | | | | 22 | 入睡時間 |
| | | | | | | | | 23 | |

在我們意志力快見底時，我們很難抗拒誘惑、很難審慎思考、容易衝動行事；這時，其實就是我們最容易答應購買愛心筆、答應對方會快速去轉帳、答應各種詐騙集團要求的時候。

在心理學中，有個稱為「自我耗損」（ego depletion）的概念，指的是人們一整天使用意志力去執行任務，特別是「自我控制」的任務之後，意志力逐漸減弱的狀態。以大家日常生活為例，好好上班其實就是一個需要自我控制的任務，我們要阻止自己滑手機、打電動、追劇、蹺班去吃下午茶、瘋狂睡午覺的行為。

回到剛剛的意志力曲線，平均分數低於3分的區域，可以稱為「腦波弱」危險區，這些時間點通常是意志力快耗盡的時候，建議大家在腦波弱危險區，應該盡量避免任何重大決策、或答應一些沒有時間深思的要求等。分數在4～6分的區域稱為「一般工作區」，基本的決策、簡單行政工作都能在這邊處理。分數高於7分的時間點，則很適合用來「深度工作」，我們在這些時間點精神比較好，也比較容易抵擋誘惑，更有機會深思熟慮。

對夜貓子來說，精神最好的時刻也許是深夜，這也表示白天可能精神狀態不佳，特別容易不小心被詐騙集團的誘餌給勾上。因此，這個練習做完之後，期待大家能對自己的「罩門」有更多了解，在罩門時刻，更得盡量避開危險。

心理學普遍認為，意志力像肌肉一樣，可以「撐一陣子」，但若沒有適當休息，則絕對不可能「撐一輩子」。

如果想體驗看看「意志力」的極限，可以試著找一個鬧哄哄的演唱會，在歌手演唱的期間（好比五月天正在唱〈傷心的人別聽慢歌〉時），在心中用意志力專注的計算一百減去十三，直到九為止；同時，記得身體要一邊跟著音樂搖擺喔！

## 5-4 對你自己和你所在之處保持覺察

**這個練習特別適合用在你來到一個新環境時。這邊所指的環境，可能是某些宗教組織、商業販售、政治造勢活動、某些共同興趣或議題的聚會等，試著觀察看看這個環境是否給你以下的感受或現象，符合打勾：**

（　）背景音樂很振奮、節奏強烈咚咄咚咄、或很悲傷等會引發情緒。

（　）有炫目的燈光。

（　）有令人感覺愉悅、舒適的香氣。

（　）提供美味的食物和飲料。

（　）身旁的人情緒很激動且一致，不論是憤怒、悲傷或興奮。

（　）播放或述說引發情緒的影片、影像或故事。

（　）呼喊簡單、朗朗上口、有押韻的口號。

（　）要求／邀請做相同動作，如穿上同樣背心、共同完成一件事、一起回應

「是」或「對」。

（　）擁有及抨擊共同的敵人。

（　）現場不容許有人提出質疑、提出質疑時大家會露出不可置信的表情、成員凝聚力強。

（　）使用「我們」、「一起」等用詞。

（　）當場要你提供承諾或做決定。

（　）強調命運、機緣、巧合，營造機會難得的氛圍。

（　）有特殊的共同儀式。

（　）成員有特殊的稱號和階級制度。

（　）讓你覺得你自己很特別，不論是特別好、特別爛或其他方面的與眾不同。

（　）與外界隔離，不論是現場的物理空間，或是事後要你保密、不透露的心理隔絕。

上面所列的，其實都是常見的「洗腦」手法，越多項符合，則該場合越危險。若要進行簡單、快速判斷，你可以在進入該場合時和離開之後做比較，若有情緒的強烈起伏（不論正向或負向），或是缺少獨立思考的機會，就要非常小心！因為我們若是情緒波動，理智線就變細、變脆弱，容易做出錯誤判斷或決定；而沒有獨立思考的時間和空間時，常只能任由他人牽引宰割。

當然，身為一個「自我肯定」的人，如果你在到某些地方之前，便已經覺得怪怪的，那請練習勇敢的說「我不去」。

**但若你很不幸地「誤闖」到上述場合，或是到了一個你一開始覺得沒問題，但後來越來越覺得奇怪的情境，想避免自己被溫水煮青蛙，你可以特別從兩個角度來做好心理準備：**

### 留意自己的狀態

- 注意自己的情緒會不會太過興奮、氣憤、或焦慮等。
- 注意自己的身體有什麼感受，比如：心跳加速、呼吸急促等。
- 如果你真的很容易激動，可以運用鬧鐘、或上廁所的時間，提醒自己再度覺察自己當下的狀態，當發現自己太激動時，使用下面緩和情緒的方法。
- 不在情緒激動時做決定。

**思考當場可緩和情緒、保持理智的方法**

- 任何有效的個人方式，例如喝冰開水，激動時喝一口。也可以帶著讓你保持冷靜的安心物品或激動時深呼吸十次等。
- 隔離，例如以上廁所為理由，暫時離開當下情境。這可以讓情緒緩和下來，也讓理智線有機會重新接上，思考後續對策。

只有對你自己的狀態、和你所在之處時時保持覺察，才能避免走進「糖果屋」；即使誤入其中，透過不斷覺察，相信也能儘快爬出詐騙深淵。

## 5-5

# 溫柔而堅定！在小事中練習自我肯定

有時詐騙集團「看上」的，其實就是（過度）溫柔的民眾。這類型的人對於「要求」比較難拒絕，打蛇隨棍上，對方就更能夠為所欲為了。因此，在反詐騙練習題裡，我們邀請大家，在日常生活中練習「做自己」。

在心理學中，有個教養觀念稱為「溫柔而堅定」，也就是「有點堅定卻不會太硬，有點溫柔卻不會太軟弱」。軟硬適中的待人之道，很需要練習。但好消息是，越常練習的概念，我們日後做起來就會越上手，甚至可以變成自動化的反應。

以下，我們針對生活中可能遇到的情境，設計了兩個小挑戰。這些場域未必是每個人都會去的，但我們想邀請讀者感受當中的核心精神，並試著舉一反三，把這樣「溫柔而堅定」的人際互動方式，應用在你自己的生活裡。

## 情境：化妝品店

許多朋友在逛化妝品店時都不太自在，一部分的原因就是來自店員，特別是店員「熱情」的推銷。有時，我們只是想買個化妝棉，但離開時卻不知不覺多買了好多家裡可能還不缺或者有存貨的商品。

在這種情境中，讀者可以先規劃好要買的東西有哪些。這是一個很關鍵的步驟，可以減少我們在現場被推銷而動搖的機會。到現場時，試著溫柔而堅定的告訴店員你需要的商品，更精確地說，是「你只需要的這些商品」。並以同樣的態度婉拒店員的推薦，完成結帳動作，然後轉身離開。必要時，可溫柔堅定地重複話語：

「謝謝，我只需要＊＊＊。」

「謝謝，我只需要＊＊＊。」

「謝謝，我只需要＊＊＊。」

（很堅定，所以講三次！記得要溫柔喔！）

## 情境：洗髮店

如果今天你到理髮店，就是只打算洗個頭而已。那麼在店員幫你洗頭髮時，若接收到對方邀請你順便做個護髮，請練習溫柔而堅定地拒絕對方的建議。

這個挑戰會比上個挑戰再難一點，畢竟，此刻你的頭可是在對方手上啊！不過，這樣難度稍高的情境，更可以練習去與「對方不高興的情緒」共處。很多時候，我們急著答應某些請求，正是因為感覺到對方此刻不開心、有點生氣或惱怒等。因此，能否和對方的這些「負面情緒」共處，其實是需要修煉的功夫。

在挑選練習情境時，可以把握一個原則：選擇有點難又不會太難、稍微努力一下還是可以達到的情境來練習。如果拒絕店員的推銷對你來說還算容易，那你可以挑戰去化妝品專櫃試用某項商品，並且在試用完告訴服務你的櫃姐你要再考慮看看（如果你真的很喜歡，也可以隔天再來找她買）；但如果拒絕店員的推銷對你來說已經很難了，你也可以從拒絕路上的傳單開始練習。

很多讀者想到這個練習就卻步了，我們想提醒兩件事情，鼓勵大家嘗試看看。

其一，所有不高興的情緒，多半不會維持太久。店員被拒絕之後，難免會不悅、會臭臉，但一般情況下這種情緒很快就會消失。事實上，要刻意維持不悅、臭臉的狀態，其實是很累人的。

其二，如果在你拒絕對方的建議之後，對方真的「見笑轉生氣」，那其實也很好，我們就知道下次也許可以考慮去找其他店家了。一間不尊重我們決定的店，也許緣份未到，我們可以練習不用勉強。

# 5-6 厚臉皮的練習
## 羞愧攻擊療法

臉皮厚，天下無敵。
臉皮薄，詐騙集團愛你。

有時候，我們不是不知道對方的卑劣手段，但是在華人社會以和為貴的文化薰陶下，總覺得引發衝突、創造差異——不論是質疑別人、或是提出和大家不同的觀點——會不好意思、難為情、耳根發燙，便默默把鼻子交給對方牽著走了。又或者，我們羞於發問、怕會讓別人或自己尷尬、怕麻煩別人，反而錯失覺察詐騙的機會。

到底要如何增厚自己的臉皮呢？在心理治療中，有個方法叫做「羞愧攻擊療法」（shame-attacking exercises），顧名思義就是做出令人羞愧的行為，在過程中感受羞愧感急遽升高、又逐漸下降的情緒歷程，因而增加忍受羞愧感受的能力。

背後的原理有點類似，當你曾經從高空一萬英尺跳傘「啊～啊～啊～啊～」尖叫過之後，坐大怒神就像坐搖椅一般；或是當你去過北極、體驗過漫天大雪後，玉山下雪根本就小玩意兒，不值得大驚小怪。

**要練習羞愧攻擊療法，可以遵循以下步驟：**

1 找一件和詐騙相關、會讓你覺得非常羞愧的事情，請注意安全及不要違法。（在路上脫光衣服是妨害風化罪喔！）

2 找出執行羞愧行為時，讓自己留在現場、不逃走的方法，例如深呼吸、在心中從一數到一百、在心中唱完一首五分鐘的歌、執行需花費五到十分鐘的任務等。

3 執行時，在現場體會羞愧的感受，並留在當下，直到羞愧感受下降、心情趨於緩和。

4 結束後，大大肯定自己。例如對自己說：「我做到了！真厲害！」

**範例：**

- 打電話問很蠢的問題，例如「安全帳戶是什麼？」，並且在電話中和對方詢問、討論五分鐘，直到羞愧感降低。
- 路人請你填問卷、留下基本資料時，對他深情唱兩隻老虎，唱到羞愧感降低，或對方逃離。
- 有人銷售愛心筆時，在自己的頭上比個大大的愛心，然後左右搖擺或轉圈，直到羞愧感降低。
- 遇到服務員強烈邀請你「打卡送小菜」時，搭訕他、讚美他的工作態度，向他要聯絡方式。（此範例不適用於情聖。）
- 碰到近身跟隨、熱心的店員時，詢問他愚蠢的問題，例如：

「指著知名的商標問，這個勾勾是什麼？是一百分的意思嗎？是在稱讚我嗎？」

「穿羊毛的衣服會變成羊咩咩嗎？咩～～」

「你覺得鏡中的我迷人嗎（撥瀏海）？」

分辨練習

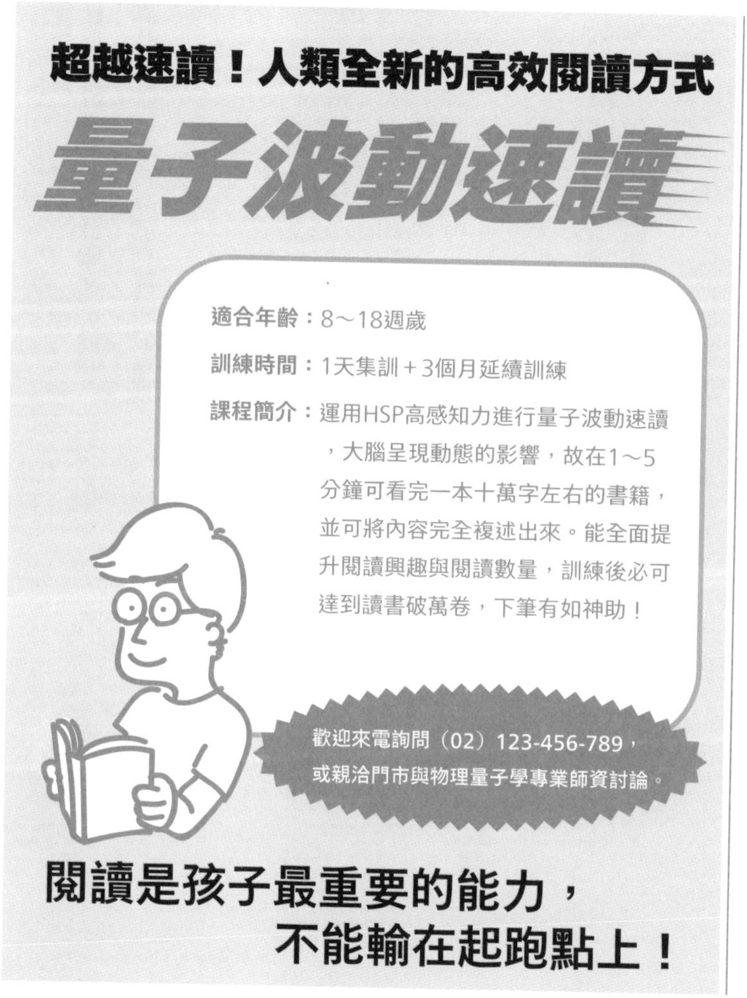
超越速讀！人類全新的高效閱讀方式
量子波動速讀
適合年齡：8～18週歲
訓練時間：1天集訓＋3個月延續訓練
課程簡介：運用HSP高感知力進行量子波動速讀，大腦呈現動態的影響，故在1～5分鐘可看完一本十萬字左右的書籍，並可將內容完全複述出來。能全面提升閱讀興趣與閱讀數量，訓練後必可達到讀書破萬卷，下筆有如神助！
歡迎來電詢問（02）123-456-789，
或親洽門市與物理量子學專業師資討論。
閱讀是孩子最重要的能力，
不能輸在起跑點上！

仔細查看前頁傳單幾分鐘：

你覺得這張傳單是詐騙文宣品嗎？ □是 □否

請列出你對於該傳單有疑問的地方：

## 答案

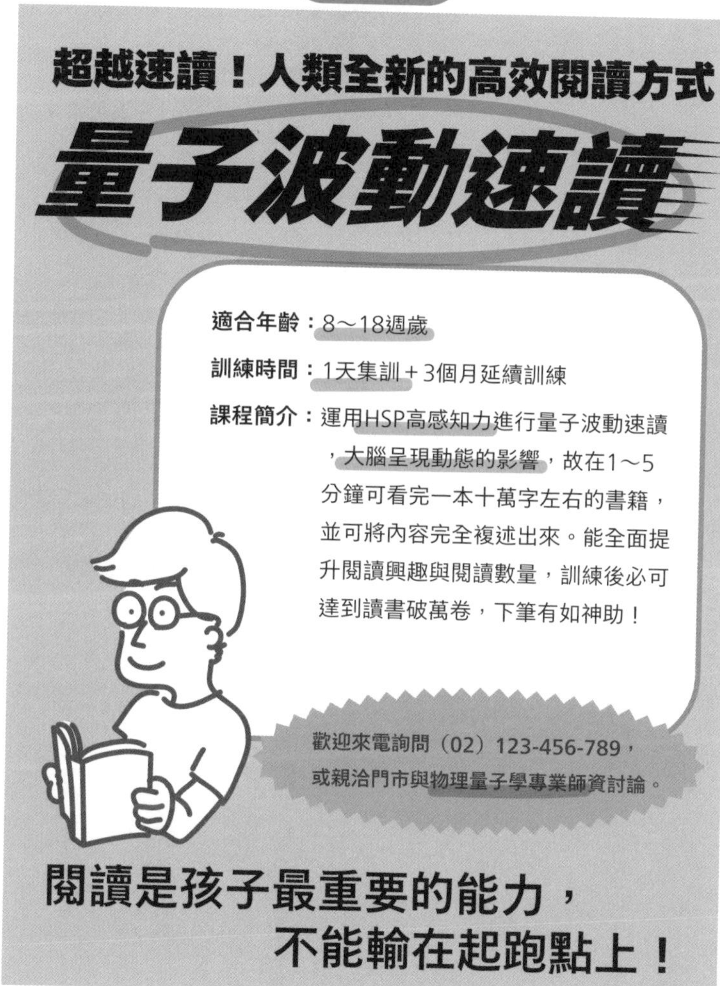
超越速讀！人類全新的高效閱讀方式
量子波動速讀
適合年齡：8～18週歲
訓練時間：1天集訓＋3個月延續訓練
課程簡介：運用HSP高感知力進行量子波動速讀，大腦呈現動態的影響，故在1～5分鐘可看完一本十萬字左右的書籍，並可將內容完全複述出來。能全面提升閱讀興趣與閱讀數量，訓練後必可達到讀書破萬卷，下筆有如神助！
歡迎來電詢問（02）123-456-789，
或親洽門市與物理量子學專業師資討論。
閱讀是孩子最重要的能力，
不能輸在起跑點上！

**經過剛才的練習，你有沒有發現詐騙的文宣或內容，常有以下幾個特點：**

- 內容有部分是真的、讓人可信的。
- 充斥看似專業、讓人看不懂的詞彙與外文。
- 搬出讓你信賴的對象，例如專家掛名、政府認證、機構背書。
- 有誇大其詞、但吸引人的結果，好比「一個月瘦10公斤」、「讀書破萬卷」、「月入數十萬」。

**如果一份廣告傳單或文宣內容裡，有越多以上的特徵，那它是詐騙的機率也越高。但詐騙者為何要使用以上的特點呢？**

首先，你我都必定有不知道、不了解的事物，而最容易受騙上當的，除了無知又沒有警覺心的人之外，自認通盤了解、實際上是一知半解的人，才是最危險的！（還記得「過度自信會出問題」的章節內容嗎？）

尤其我們的大腦又常有驗證偏誤——傾向尋找資料和證據來驗證自己原先的假設，詐騙者只要運用這些心理弱點，在詐騙內容中加入一些你可以理解的真實事物，或者你似乎略懂的專有名詞，就會讓你覺得「啊～這我知道……這我有學過……這些話是正確的……嗯，看來這個傳單沒在騙人！」

再來，如果內容包含許多艱澀難懂的專有名詞或外文，又有權威人士或機構背書，我們喜歡省力的腦袋、從小對權威的景仰，就會讓我們輕易地相信，「啊，這什麼……量子……波動……我看不懂，還有＊＊師、＊＊院、＊＊專家的認證，肯定是專業中的專業，值得信賴！」

最後，吸引人的內容才能促使你趕快行動、把白花花的鈔票掏出來。尤其現在匯款轉帳都可以在網路上輕易進行，更容易將鈔票送出去。另外，網路發達不只讓錢更容易從帳戶中流走，也讓我們容易更接觸到各種詐騙資訊，因此了解詐騙內容的特點、維持警覺心是最佳的保身之道。

看到這邊，有讀者可能會說，很多廣告或文宣都長這樣啊！不誇大一點、不搬出專家、不吸引人就不叫廣告了！確實，很多真實、非詐騙的廣告也可能有以上這些特點，因此要真正分辨是否為詐騙內容，只有警覺心是不夠的，更重要的是——主動查證、做功課。

所謂貨比三家不吃虧，為了客觀公正、不落入驗證偏誤的思維及行動中，除了尋找支持及正面的資訊，同時也要蒐集反對及負面的論述。

在搜尋資訊的過程中，你會發現不管一個商家或產品再怎麼好，幾乎都有負面評論；反之，不管多爛，通常也會出現好評。因此，在主動查證、搜尋資料的過程中，你會開始有些「感覺」，「感覺」到傳單上的內容說的到底是真是假。正負面評論的數量差距、他人提出的理由和論點，都會快速補充你的知識缺口，讓你可以更有效地評估真偽。

**然而，奠基在「感覺」上的判斷是相當危險的。因此，以下會進行一個練習，請你在查證、找資料及做功課的過程中，具體找出五個正評及負評，並同時把看到的正負評數量以「正」字標記逐步記錄下來，然後再決定要不要採信傳單的說法。同時，可以使用下列表格來整理資訊：**

| 好評／正評 | | 壞評／負評 | |
|---|---|---|---|
| 論述、理由為何？ | 正字數量 | 論述、理由為何？ | 正字數量 |
| 親身體驗過，覺得有效 | 3 | 考試成績沒進步 | 10 |
| 老師很認真 | 1 | 無效退費，一直拖延不退費 | 4 |
| 很多練習和作業 | 5 | 沒提出研究文獻支持 | 1 |
| 相信量子力學 | 3 | 親身經驗，翻完書只想睡 | 2 |
| 其他： | | 其他： | |
| | | | |
| | | | |
| | | | |
| | | | |
| | | | |
| | | | |
| | | | |
| | | | |
| | | | |

還好，拜現代網路發達所賜，查證及搜集資訊一點都不困難，只要在各大搜尋引擎輸入關鍵字「量子波動速讀 負評」或「量子波動速讀 騙人」，就能查到許多豐富的資訊。此外，若是底下有網友留言，記得好好閱讀，因為通常破解詐騙的魔鬼細節就藏在其中。

若是你不熟悉使用網路，則可拿著目前擁有的資訊，詢問至少三位專家或者親朋好友，並且詢問他們對於這份傳單正面及反面的觀點，例如「你覺得這個可以相信嗎？為什麼？」、「你覺得這個是騙人的嗎？為什麼？」。

如果和別人討論的過程中，你發現自己和其他人對於傳單所描述的內容其實都不太了解，你可能就不應該以「聽起來好像很厲害」為由進行判斷。反之，你可以試著問自己，如果把我不瞭解的部分遮起來，這張傳單到底告訴我什麼？你可能會發現，這張傳單說的是「運用＊＊＊進行＊＊＊後，大腦會發生＊＊＊，所以你能在一～五分鐘看完一本十萬字左右的書籍，並可將內容完全複述出來。」

這時，問問看自己，去掉那些很厲害的（偽）專有名詞，這份傳單感覺還是一樣可信嗎？

# 5-8 在看說「什麼」之前，先看是「誰」說的

網路使得資訊傳遞變得容易，相較於過去只有報紙、電視新聞，甚至文書傳遞的年代，現代人最大的困難已經不是資訊的取得，而是判斷資訊來源是否可靠，以及對取得的資訊是否有識讀、獨立思考，以及分析的能力。

理論上，媒體應該扮演公正、獨立的角色，但人畢竟是有「立場」的，當我們在接收資訊時若沒有意識到這樣的立場，便可能在不知不覺間吸收到偏誤的訊息，甚至受到新聞媒體的「業配」或「置入型行銷」所影響。

如果我們能夠對資料來源保持謹慎的態度，仔細審慎地評估資料內容，那麼不小心被誤導，甚至於被詐騙的機率就能降低許多。因此，在接下來的練習我們將要提供兩份研究資料供讀者參考。

第一份資料來自「台灣媒體觀察教育基金會」於二〇一五年進行的「提升台灣

媒體品質相關計畫」，由國立政治大學傳播學院的蘇蘅教授執行。研究希望針對「新聞媒體可信度」進行調查，用比較公平、客觀的方式，呈現出近年不同家新聞媒體的品質和表現。

這個研究有趣的地方在於，受調查的對象，正是媒體工作者，並包含五百二十三位每天都泡在電視與報紙世界的「記者」。因為身處這樣的工作環境，記者對於新聞機構的了解比一般大眾多；同時「可信度」本身對記者而言就是份重要的「成績單」，他們對資訊來源的判斷需要相當敏銳，如果找到不正確的資訊並且報導出去，往往會引發許多負面影響。

**調查一A：**

整體而言，你認為新聞雜誌、網站、報紙、電視新聞，有多可信？

**在分享研究的第一個發現之前，我們邀請讀者先想一想，針對以下四種訊息來源，可信度最高（請填1）到最低（請填4），答案依序是什麼呢？**

新聞雜誌的內容：可信度排名第＿＿＿＿

網站上的新聞：可信度排名第＿＿＿＿

報紙上的新聞：可信度排名第＿＿＿＿

電視上的新聞：可信度排名第＿＿＿＿

根據調查，記者們認為相較之下，傳統報紙的可信度是最高的，新聞雜誌居次，電視第三，而新聞網站最低。部分原因可能在於報紙、雜誌的資訊在發表之前，通常都會經過較為縝密的審閱；而電視新聞、網路新聞則有時為了求「快」，反而疏忽資料審核就立刻上線，較常發生資訊錯誤的狀況。

## 調查一B：媒體公司百百種，你有多信任特定的媒體公司？

**後續調查裡，研究者從新聞雜誌、網站、報紙、電視，各自找出目前最主要的營運單位，一間一間進行可信度調查。好比，提到報紙，記者們認為哪一家的報紙提供的訊息是最可靠的？是自由時報、還是經濟日報呢？在公佈答案前，不妨勾選出你在閱讀報紙時，最常閱讀的三家報社：**

□ 工商時報
□ 中國時報
□ 自由時報
□ 經濟日報
□ 聯合晚報
□ 聯合報
□ 蘋果日報

根據調查結果，各家報紙媒體的可信度得分前三名者為：聯合報（7.10 分）、經濟日報（7.08 分）、聯合晚報（6.94 分），接著為工商時報（6.81 分）、蘋果日報（6.74 分）。自由時報（5.70 分）和中國時報（5.63 分）得分則低於報紙類平均。

**再來，則是針對電視媒體的調查結果，一樣想先請讀者勾選出你生活中最常收看的三家新聞媒體：**

- □ TVBS
- □ UDN
- □ 三立
- □ 中天
- □ 中視
- □ 公視
- □ 台視
- □ 民視
- □ 年代
- □ 東森
- □ 非凡
- □ 壹電視
- □ 華視

調查結果顯示，新聞電視台可信度得分前三名的電視台分別為：公視（7.60分）、TVBS（7.10分）、UDU（6.84分）。接著是非凡（6.60分）、台視（6.52分）與民視（6.43分）。得分比平均分數還低的媒體依序為：壹電視（6.27分）、華視（6.23分）、中視（6.17分）、東森（5.96分）、三立（5.66分）、年代（5.54分）與中天（5.27分）。

**最後，是大家更為熟悉的網路新聞媒體。可以把你平常最常接觸的幾家做個記號，再看看綜合可信度得分。**

- □ ETtoday 東森新聞雲
- □ NowNews 今日新聞報
- □ 中央社即時新聞
- □ 中時電子報
- □ 自由時報電子報
- □ 風傳媒
- □ 新頭殼
- □ 聯合新聞網
- □ 蘋果日報網站

網路媒體中可信度得分前三名的網站為：中央社即時新聞（7.85分）、聯合新聞網（7.11分）與蘋果日報網站（6.85分）。在平均得分以下的媒體有：風傳媒（6.14分）、中時電子報（6.05分）、自由時報電子報（6.01分）、新頭殼（5.99分）、東森新聞雲和今日新聞網（均為5.68分）。值得一提的是，四大報的新聞網站的可信度都比報紙略高。

在這個調查的最後，研究團隊分析了「記者自述最常使用的資料來源」與「記者評比可信度高低」兩份資料，發現其中有些差異。

以報紙為例，記者自述最常使用的報紙前三名為：蘋果日報、聯合報、中國時報。不過，先前我們提過，記者們認為可信度最高的報紙前三名其實是：聯合報、經濟日報、聯合晚報。蘋果日報在可信度排名倒數第三、中國時報在可信度排名最後。

而記者們自述最常用的電視新聞前三名是：TVBS、東森、中天，但可信度最高的前三名則是公視、TVBS、UDN 新聞，只有 TVBS 是一致的，顯示記者在電視新聞可信度和實際使用之間的落差也相當大。即便心中覺得可靠的媒體是哪幾家，但在工作時出於不得不的因素（例如求快），記者在資料取得的行為出現了「言行不一」的現象。

## 調查二：新聞粉絲專頁，誰可信呢？

第二個研究為二〇一八年進行。台灣媒體觀察教育基金會與臉書（Facebook）合作，針對台灣現有的之「新聞粉絲專頁」的公信力進行調查，以可信度、參與度、多元性三大面向評分，從五十家發布每日新聞的粉專中，挑選出前十名的新聞粉絲專頁。研究使用相關技術，如自然語言處理技術（如詞庫斷字程式）來進行數據分析，輔以人工編碼員的內容分析、學者專家的質性焦點團體等，進行信效度的檢核。

與我們想分享的反詐騙議題較相關的指標有二，分別是「可信度」，指的是貼文與連結報導是否遵循新聞正確、公平、客觀的原則，包含報導的真實性、消息來源等；另一個則是而「多元性」，指的是發布報導的內容是否多元，不會偏頗單一的消息來源與立場。

在可信度中榮獲前十名的網路媒體有：BBC 中文網、公視新聞網、上下游、上報、公民行動影音紀錄資料庫、台灣醒報、台灣醒報國際現場、民報新頭殼、端傳媒、鳴人堂、寰宇新聞。

在多元性裡榮獲前十名的網路媒體有：公視新聞網、上下游、上報、民報、信傳媒、風傳媒、新頭殼、農傳媒、端傳媒、寰宇新聞、聯合報、聯合新聞網、關鍵評論網、蘋果日報即時新聞。

不過，這份研究的調查已有一段時間，也許近期這些媒體有所不同或改變，因此這邊呈現的資訊大家也不要視為絕對的事實，當作一種相對客觀的結果來參考即可。

更完整的資料讀者可上網搜尋「台灣新聞媒體可信度研究報告」、「Facebook 新聞粉絲專頁公信力調查研究成果」便能即可找到報告全文。

這裡，我們提供了相比之下較為客觀的數據，重點或許不在於哪一家媒體最可信，而是期待讀者能先暫停下來，思考一個很重要，但你我可能沒有深思過的重點：「比起資料本身，資料的來源、資料的提供者是誰，也關鍵地決定了這份資料是否值得參考、採納。」

日常生活中，你可能比較信任王里長和你分享的里民資訊，而不是鄰居陳太太的。偶爾，我們會依據「是誰提供我們資訊、資訊來源是誰」來判斷我要多相信這個資訊。不過，更多時候，在接受新聞、網路資訊時，我們不會這樣去留意，因為資訊提供的太快、太多了，我們不自覺直接吸收「內容」，而忘了評估「來源」，因而種下了被欺瞞，甚至被詐騙的風險。

## 5-9
# 保護你的個資
## 它比一盤小菜值錢

先請你想一想，這個月你把自己的 E-mail、Line、FB、地址、電話或生日給出去幾次？

再請你想一想，如果有人要向你購買上述的個人資訊（簡稱「個資」），你會開價多少錢？

在台灣的日常生活中，許多情境都會引誘你透露個資，像是 FB 打卡換小菜、加入 Line@ 打 95 折、加入會員累積紅利點數、留下 E-mail 電話可抽獎等，用小小的利益誘惑，下一次商家便能將他的產品資訊直接傳遞給你，增加你消費的機會；然而，這同時也代表這些個資被竊取、散佈、落到詐騙者手上的機會越來越高。

此外，如果你透露的個資相當詳細，例如你的職業、收入、家庭成員、生長背景、興趣，甚至是起居作息等，這些往往將使詐騙者愈容易取得你的信任、偽裝成你的朋友、你的同業人員（還記得我們提到，人在做判斷時經常會受到自己所認同的群體的影響）；或是發現你的個人弱點，利用你所愛、所懼、所恨的人事物來引發你的情緒，進而增加詐騙成功的機率。

在這個防不勝防的網路時代，隨意提供你的個人資訊，就像是在公開場合大剌剌地數著鈔票，臉上寫著「來騙我吧！」因此，當你要提供個人資訊給對方時，請先考慮以下幾點：

- 對方是否為可信任、重視消費者個資的商家？
- 你是因為長期需要才提供個資的嗎？例如：每個月都和對方買東西？
- 商家／對方是否願意清楚說明將如何使用你的個人資訊？若對方未主動說明，請提問。
- 需要你提供的個人資訊，是否為必要的？例如提供職業是否必要？請將提供的資訊量盡量降低。

若上述有其中一項的答案為「否」，像是你不清楚的網路商店要你提供聯絡電話、路人要你填寫 E-mail 就給你折價券、在某餐廳消費後少有機會再度光臨、對方要你清楚交代祖宗十八代、商家不願好好說明個資的用途等，就請保護好你的個資，溫和且堅定地拒絕。

下次當服務生又面帶微笑說「FB 打卡送小菜喔（啾咪）」，如果你不常去消費，也不確定商家的信譽，請溫和堅定地說，「謝謝你，沒關係。」

# 5-10 小心過度信任權威

首先，把撕下的第一頁，從第二十四頁與二十五頁間拿出來。

想一想，當初為何要撕下這一頁？

**由於這一頁需要撕下，所以請讀者在開始閱讀之前，順著左邊的虛線小心撕下這一頁，並對折暫放於第二十四頁與二十五頁之間。**

原本的文字看似提供良好的說明，但仔細思考後，「由於這一頁得要撕下來」其實不能算是理由，就像是「由於我要影印，所以讓我先影印吧」、「因為要去ATM，所以你去ATM幫我操作」、「由於要出門匯款，所以趕快匯五千元過來」。

還記得練習第五章第一節中「系統一」的直覺思考嗎？大腦對於那些乍聽起來越順耳的資訊，因為「感覺」不需要多花時間用「系統二」進行深入思考，大腦也就越容易快速接受。

另外，本書還有個值得懷疑的地方。請你看看書腰，你有發現哪裡怪怪的嗎？如果你有查證，那些背景訊息中有些是真實的資訊，例如「東京芸術大學」是真有其校，但並沒有色彩心理學這個科系，有「山梨縣」但是沒有「新田大學」，實際上也沒有「帝丹大學」這所學校，但是因為聽起來相當順耳又熟悉（沒錯，它是柯南漫畫裡使用的學校名稱），人們便較容易不加思索地接受。

再者，你有發現「早稻由大學」的「由」嗎？

之前曾提到人們常會為了維持自我或訊息的一致性，而自圓其說或找理由來合理化，像是「應該是早稻『田』大學吧？可能是出版社印錯了！」，又例如「他會兇我，要我趕快拿錢出來，是因為他真的很需要我、很愛我！」很多時候這樣的心理機制會讓我們錯過查證及識破詐騙的機會。

最後，由於本書作者為專業權威人士，日本名字、學校背景在許多人心中是知識權威的象徵，因而讓人更毫不猶疑地服從指令。

**如此設計，希望讓讀者們有機會體認到被詐騙其實不難。此外，這一段也並非鼓吹大家都要反對專業或質疑權威，而是避免「過度信任」。因此在遇到感覺不對勁**

**或有疑慮時：**

1 再次確認這個人真的擁有他所宣稱的專業嗎？

2 他的專業，真的讓他對某個領域有更多的了解嗎？（好比物理量子專家真的懂教育嗎？）

3 有沒有其他的因素可能影響到他的說法呢？

**透過覺察、反思及主動查證，讓我們遠離詐騙。**

**現在請你拿下書腰，看看書封上真正的作者是誰。當然，有任何「感覺不對勁」或可疑之處，請記得保持一致的態度：主動查證，避免上當！**

# 結語／謝詞

## 致謝

成為臨床心理師已經超過六年，雖然，不算是看盡人生百態，但也陪著個案們嚐到許多酸甜苦辣，聽聞各種悲歡離合；每個人有各自的成長經歷、價值觀和生存之道，也會有獨一無二的盲點和侷限，從陪伴、共同感受、思考困境，到逐漸理出頭緒、發現新的可能性和希望，這些過程都成為我們的養分，滋長我們身為臨床心理師的專業。因此，首先要感謝一路上有緣相逢，並願意讓我們陪伴你們走一段路的個案們，謝謝你們。

儘管書中所提的心理師小宇（化名）念的是心理學，相信人性本善，但仍逃不出受騙的魔爪。謝謝他，願意在受傷之後，再次回憶這段往事，提供我們一份完整的「受騙日記」，讓我們可以在這段經驗中，激盪出人性良善與不良善的面貌。

還記得當時，我們幾個好友一起相約到某處吃餃子。搭配著下班車水馬龍的街聲，坐著路邊的塑膠椅，我們嚼著一顆顆餃子，閒聊起最近的時事。就在小宇吞下餃子前，他變了臉色，低聲說道：「那個，其實我也有被騙過……」。由這句話開始，我們開啟一連串的討論、行動，最後催生出這本書。

謝謝小宇的開放、信任與無所畏懼，克服了「很懂心理學還會被騙」的複雜情緒。這段他與我們分享的寫實經驗，讓我們更能貼近詐騙的本質，也更能體悟到，只要是人，不論貧富貴賤、男女老少，就有人性、慾望和情感，想吃、想睡、想上廁所。都有可能在不幸運的時候，落入詐騙的泥沼。

感謝餃子店，讓我們可以一邊享受美食、一邊放鬆閒聊，激盪出這本書。餃子很好吃，如果座位能夠再寬敞點就更好了。

謝謝郁芙一路的參與與分享，提供了許多有趣的點子，以及對於本書假作者的日本名字、學校背景的專業建議，ありがとう。回台灣要再一起玩喔！

感謝時報出版的主編湯哥、編輯明珠、企劃聖惠與設計師小五。在出版產業不再景氣的時刻，謝謝你們願意讓這本書出現在更多人眼前。

當然，感謝的對象也包含擁有各種專長技能的詐騙集團份子。你們也在看這本書嗎？

謝謝你們打了很多電話、傳了很多簡訊、租了很多房子，促進經濟的流動。期待本書上市，能讓國人對反詐騙有更多了解，讓詐騙工作愈來愈困難，以至於你們可以開始思考人生是不是還可以有其他出路（當然是）。如果你不相信的話，可以來找心理師聊聊，我們不會騙你。

謝謝購買此書，並閱讀到這裡的讀者。會被這本書吸引，你可能對詐騙感到好奇，或者曾是受害者本人或親友，想搞清楚到底發生了什麼事；也可能，你只是一個對世界與他人充滿許多好奇的人——不論是什麼，身為心理師的我們，都覺得這些動機，在繁雜的世界裡，其實是十分珍貴的特質。

希望這本書能夠讓你豁然開朗，對自己和人性有多一點認識。使你在這世上勇往直前時，還能繼續保有自己珍貴的特質，也能面對與抵抗世界上層出不窮、變化多端的惡意。當然，更期待你能將本書的內容與身旁親友分享，當越多人知悉詐騙背後的心理機制時，我們就能為「抵制詐騙產業擴張」這份神聖任務盡一份心力。

最後，謝謝一起寫下這本書（還有這篇謝詞）的我們，謝謝我們認真享受每次的討論與想法激盪。謝謝我們能一起完成這本書，用我們想像的方式，讓生活、讓世界變得更美好一點。

一起反詐騙！

心理師　林昱萱／周裕翔／蘇益賢

（依姓氏筆畫排列）

生活文化 63

# 你今天被騙了嗎？
## 心理師教你破解詐騙伎倆


作者　林昱萱、周裕翔、蘇益賢

主編　湯宗勳

編輯　果明珠

美術設計　林佳瑩

企劃　王聖惠

董事長　趙政岷

出版者　時報文化出版企業股份有限公司

108019 台北市和平西路三段 240 號一至七樓

發行專線：（02）2306-6842

讀者服務專線：0800-231-705、（02）2304-7103

讀者服務傳真：（02）2304-6858

郵撥：1934-4724 時報文化出版公司

信箱：10899 台北華江橋郵局第 99 信箱

時報悅讀網　http://www.readingtimes.com.tw

電子郵箱　new@readingtimes.com.tw

法律顧問　理律法律事務所 陳長文律師、李念祖律師

印刷　勁達印刷有限公司

一版一刷：2020 年 6 月 19 日

定價　新台幣 350 元





ISBN：978-957-13-8232-6

Printed in Taiwan

時報文化出版公司成立於一九七五年，並於一九九九年股票上櫃公開發行，於二〇〇八年脫離中時集團非屬旺中，以「尊重智慧與創意的文化事業」為信念。

你今天被騙了嗎？心理師教你破解詐騙伎倆／林昱萱、
周裕翔、蘇益賢作 . -- 一版 . -- 臺北市：時報文化，
2020.06
240 面；14.8×21 公分 . --（生活文化；63）
ISBN 978-957-13-8232-6（平裝）
1. 應用心理學 2. 欺騙
177　　109007408